I0556397

حكـايات
من الأحلام

الطبعة الأولى يونيو ٢٠١١

رقم الإيداع : ٢٠١١/١٠٦٤٥

I.S.B.N: 978-977 -6337- 56-5

غلاف : إسلام عبد اللطيف

١ شارع السعادة

نصوح - الزيتون - القاهرة

تليفون: ٠١٤٩٢٨٩٢١٤

فاكس: ٢٤٥٢٥٠٥٤ (٠٢)

E-mail:dawen@daralkotob.com

بالتعاون مع موقع دار الكتب الإلكتروني:

www.daralkotob.com

2

حكايات من الأحلام

انجـي فــودة

دار دَوِّن للنشر والتوزيع

أهدي كتابي هذا

لوالدي رحمة الله عليه و ابنتي و زوجي و أمي

والدي و ابنتي
فالكثير من مقالات و خواطر و حكايات هذا الكتاب كانت عنكما و لكما ..
أبي الذي علمني الكلام و القراءة و الكتابة و التفكير و التأمل و الحياة و أهم شيء علمني كيف أحب الله
أدخلك الله يا والدي الفردوس الأعلي و جمعنا بك فيها ان شاء الله ..
اللهم تقبل مني ابنتي واني أعيذها بك و ذريتها من الشيطان الرجيم و جعلها الله ذخرا للاسلام ..
أشكر زوجي فلولا اصرارك و تشجيعك ما امسكت قلم و كتبت و ما تشجعت يوما و أخرجت ما أخبئ من أوراق و أفكار و مشاعر و ما كان لهذا الكتاب من ظهور، كم أنا ممتنة لك، لعلك تفخر بي و لا أخذلك ..
أمي، قولك كلما قرأت لكِ ما أكتب، انك تكتشفي ابنة جديدة لكِ و كأنك تريني لأول مرة و كأنك لم تعرفيني قط، هذا القول حقا كان يستفز خيالي لأكتب أكثر و أزيد من انبهارك أكثر .. وأكثر ..

أحبكم ما حييت

مقدمـة

بسم الله الرحمن الرحيم و نستعينه و نستهديه و صلي الله علي سيدنا محمد و آله و صحبه و سلم

هذا الكتاب تدور أغلب أفكار مقالاته و خواطره و حكاياته عن الحب و عرض توابعه و أثاره الجانبية سواء الجيدة أو السيئة.

فهناك حب بناء و هناك حب هادم و مدمر حتي حب الآباء و الأمهات لأبنائهم، فمثلا في حكاية "هذه الفتاة ستجلب لنا العار!!" الأب أحب أبنته و لكنه أخطأ في شبابه فخاف أن تدفع ابنته ثمنه و نسي رحمة الله و مغفرته و قبوله للتائب و لم يتعلم أن الدرس هو تقوي الله، فدمر عقلها و مفاهيمها بحجة أنه يحبها!!

و هناك حب بناء و قوي مثل الذي يتم مناقشته في أحداث حكايات طريفة حقيقية حدثت بيني و بين والدي: علموا أولادكم أن يقولوا لا، ازدراء اللغة العربية،و كذلك بعض النصائح التي دونتها في الحقيقة لابنتي في: نصائح أم مودرن لابنتها .

و هناك حب يحدث فقط شرخ أو تصدع فناقشنا كيفية معالجة ذلك حتي لو كان في أبشع صوره في حكايتي: لقد قتلت صديقي كي لا أفقده و النذل، و عرضنا بعض صوره في : الوحدة، السيء و الأسوأ.

عرضنا أيضا الحب بالمعني المعتاد الذي بين الرجل والمرأة في مقالات طريفة مثل: سؤال و جواب أو في حكايات مثل: التغيير

يا دكتور، الأختين، تغار من نفسها، جعلها حلم، قصة فتاتين، لأني أحبها لن أتزوجها .

و تعرضنا لحب الوطن و الحنين له في عدة مقالات طوال مثل: الغربة و الوطن، حاجات بمصر أحسن من أمريكا، خواطر مصرية بأمريكا .

و بعض الخواطر البحتة مثل حلم الهروب، الحرية، الفراشة، كيف تري حياتك؟، عيون الآخرين، و خاتمة الكتاب .

و بالتأكيد السياسة فرضت نفسها علي أي شخص يعيش حياتنا و يري أحوالنا في كيف جعلونا كلنا خالد سعيد، وقفات، السفينة

و نهاية أذكر نفسي و اياكم بحديث رسول الله صلي الله عليه و سلم:"إن أحبكم ‘لي و أقربكم مني مجالس يوم القيامة أحسانكم أخلاقا، الموطأون أكنافا، الذين يألفون و يؤلفون"

لمتابعة ما تدونه الكاتبة على موقعها الشخصي:

www.engyfoda.com

أو صفحة الفيس بوك بعنوان : حكايات من الأحلام

و مراسلتها على:

efoda@ieee.org

لقد قتلت صديقي كي لا أفقده

عزيزي بريد الجمعة، تحية طيبة وبعد ..

أرجو أن تعذرني إن طال خطابي .

في يوم دخل عليَّ زوجي وهو شارد الذهن ومشتت التفكير، فاتح فاه كأنَّه رأى الموت بعينيه، ودخل الحجرة وظل يصلي ويبكي، وحين سألته عن السبب وأنا في جزعٍ شديدٍ، فأنا لم أرَ زوجي يبكي قط سوى حين توفي والده، أجابني أنه دفنَ صديقَ عمره لتوه، فانسحبت بهدوءٍ لأن زوجي يفضل دائمًا أن يكون وحيدًا في أوقات ضعفه وحزنه. وفي الصباح كان محمومًا فطلبت عمله وقلت لهم ما حدث، فأتوا في المساء وقاموا بتعزيته، وارتدينا أنا والأولاد الأسود طوال ثلاث أيام الحداد، فأنا قد تزوجت وسافرت مع زوجي ولم أر صديقه هذا سوى في الزفاف، ولكنه كان دائم الحديث عنه ومراسلته. ومنذ ذلك الحين وأنا أجده يختلي بنفسه كثيرًا ويكتب، وحين أسأله يجيبني أنه يكتب رسالةً لصديقه، وحين تعجبت أجاب: أعلم أنه قد مات ولن يقرأ رسائلي، ولكني أشعر بالراحة حين أتحدث معه وأكتب له حتى لو لم يجيبني أو يرد عليَّ .

فأحترم مشاعره وأقدر مدى معزة هذا الصديق في قلب زوجي. ولكن زوجي مريضٌ بسرطان في المخ، وأنا أقلق عليه أن يزيد حزنه هذا ويساعد في تدهور حالته. ولكن بعد مرور عدة أشهر، جاءني تليفون، وإذ بي أفاجأ أن ذلك هو صديقه، فلم أصدق أذناي، وهرعت لزوجي وقلت له في فرحٍ أن صديقه على قيد الحياة، وأنه على التليفون ليبلغه أنه أصبح مديره في العمل. وكان زوجي كعادته يكتب له خطابًا، فأجاب بمنتهى الهدوء وحتي دون

أن ينظر إلي: قولي له أني مستقيلٌ، وأنه بالنسبة لي قد مات وأني أخذت عزاءه. ومع إصرار زوجي وتأكيده فعلت ما أراد، فإذا بصديقه يصرخ بالتليفون: "أيقتلني وأنا ما زلت حيًا أرزق؟ أنا قادمٌ الآن لأرى ذلك الذي فقد صوابه ."

وبالفعل جاء وخرج زوجي لمقابلته .

الصديق: "أهكذا تقتلني وأنا حيٌ أرزق وتأخذ عزائي؟؟؟ ."

الزوج: "نعم، لقد قتلتك كي أحتفظ بصورتك المثالية بداخلي، ربما أنت نفس جسد صديقي، ولكنك بالتأكيد لست هو، أنت من قتله وليس أنا. لقد كان صديقي حنونًا رحيمًا طيب القلب، رقيق المشاعر، مرهف الحس، ولكن الذي أمامي ذئبٌ مسعورٌ يبحث عن المال والمركز، أنانيٌّ لا يهتم بأحدٍ سوى نفسه، ولا يعبأ بمشاعر من حوله ."

الصديق: "أنت تتحدث عني هكذا لأنك قد حققت كل ما تحلم به، سافرت وعملت بالخارج وعدت غنيًا وصاحب خبرات جيدة، وعملت بمركزٍ مرموقٍ طبعًا. أنت سعيدٌ في زواجك، ناجحٌ في تربية أولادك. لو كنت مثلي ورأيت ما رأيته وعانيت مثلي لكنت قد أصبحت أنانيًا أكثر مني ."

الزوج: "أنا غير مسؤول عن فشلك. لقد أرسلت لك لتجيئ وتعمل إلى جواري في الخارج، ولكنك رفضت لتراعي والديك. وقد زاد ذلك احترامك في نفسي وعذرتك مؤخرًا لعدم الرد على رسائلي لظروفك العائلية وعدم استقرارك، ولكن آخر ما كنت أتصوره أنه حين أجيئ لك وأبلغك أني مريضٌ بسرطانٍ في المخ، تقف وتنظر في ساعتك بمنتهى الاستعلاء، وتعتذر وتمشي لأن عندك اجتماعٌ، وتقول في سعادة أنك ستبلغني خبرًا سعيدًا قريبًا، وهو أنك ستصبح مديري في العمل. وحين رأيتَ الحسرة والندم في

عينيَّ، سألتني باستخفاف: "هتعمل عملية ولا لأ؟"، ومضيت دون حتى أن تنتظر أن تسمع الجواب ."

فصمتا، واستطرد زوجي قائلاً: "لم أستطع تحمل الصدمة، فاعتبرك مت حتى تظل نبيلاً شريفًا مخلصًا.. فأنت جزءٌ مهمٌ وكبيرٌ في حياتي، فكل ذكرياتي أنت بها. أنا لا أستطيع أن أذكر أي شيءٍ في حياتي إلا وذكرت اسمك عدة مرات، أنت صديق حياتي وطفولتي وشبابي وخريفي. لقد أتيت لك وكنت أنوي أن أوصيك على أولادي وزوجتي، وأُطلعك على أموالي وأبلغك بأسراري التي لم أطلعك عليها في حينها، ولكنك لم تعطني فرصةَ قول أي شيء. لقد عجز لساني عن النطق، وظللت أسأل نفسي: كيف يمكن أن يتغير الإنسان هكذا؟ لقد كنا لا نأكل مع أسرنا لنأكل مع بعضنا البعض.. حين كنتُ أخطأ كنت تذهب لوالديَّ، وتقول أنك أنت من فعل هذا، وتتعرض للضرب حتى لا يعاقبوني.. وكنت أعترض وأعترف بخطئي حتى إنجيك، ونضرب سويًا.. ولكنا كنا نتذكر ونضحك بعد ذلك. حتى ابنة الجيران رفضنا أن يتزوجها أيٌّ منا، حتى لا تسبب فرقةً بيننا، لأننا كنا نحبها نحن الاثنين. فأنا حقًا أتعجب كيف يمكن لإنسان أن ينقلب من كل هذا الحب والحنان إلى كل هذا الحقد والغيرة؟ حين شعرتُ بالضعف لم أفكر إلا باللجوء إليك، والبحث عن القوة والدعم منك.. ولكني صُدِمْتُ صدمة عمري.. فليغنني الله عنك. أنا لا أعبأ بالموت، فالله أرحم الراحمين.. هو سيتولى أولادي وزوجتي وسيكون أرحم مني عليهم. أما أنا فأصبحت أتمنى الموت سريعًا وأنا صلبٌ وواقفٌ على قدماي، وأن يغنني الله عن سؤال اللئيم، فالموت الآن رحمة لي. أنا لا أريد أن أعيش في زمنٍ يتبدل به الطيب شريرًا على هذا النحو، وأرجو أن تذهب فأنا لا أريد أن أراك ."

وبالفعل خرج صديقه وهو مليئُ بالحزن والندم والحسرة، واستطاع زوجي الانتقال لإدارةٍ أخرى، وأصبح حين يرى صديقه لا يلقي عليه حتى السلام، فهو قد مات بالنسبة له. ولكن ما زال زوجي كلما اشتد عليه الألم أو الحزن أو الذكريات، ينسحب ويكتب رسالةً لصديقه الذي لم يعد له وجود سوى بداخله، ثم يخرج علينا في أفضل صحةٍ ومرحٍ وسعادةٍ، وأراه مليئًا بالحيوية والنشاط كأنه عاد شابًا مرة أخرى. رغم سعادتي لذلك إلا إنني قلقةٌ عليه، فهو يرفض أي علاجٍ، سواء كان نفسيًا أو عضويًا.. فأنا أصبحت أقلق عليه من الفصام أكثر من السرطان، فماذا يجب أن أفعل؟

علموا أولادكم أن يقولوا لا

حين عاد الأب من السفر بعد عامين من الغربة، وجد ابنته الوحيدة ذات الاثنتي عشرة عامًا قد تغيرت، ولم تكن مراهقتها كما تخيل أو توقع. وجدها هادئةً قليلة الكلام، لا تطلب أي شيء، ولا تعترض على أي شيء. تضحك قليلاً، ولا تبك. فتوجس خيفة مما قد يكون قد أحدث مثل تلك التغيرات بابنته، فوقف يومًا أمام محل عصير هو وأولاده فسألها ماذا تريدين؟ فقالت لا شيء، فاشترى لولديه الآخرين ما طلبا، وتعجب منها.. فقال لها: يابنيتي، اطلبي ما تشائين، فطلباتك كلها مجابة. فإن لم تطلبي مني، مِمَّن ستطلبين إذن؟ لا تخجلي مني. فقطبت حاجبيها وقالت: أنا لا أريد شيئًا.. ولسان حالها يقول: لا يوجد ما يستدعي هذه المحاضرة. ومرة أخرى سألهم إلى أين تريدون أن تذهبوا للفسحة؟ فقال كل واحدٍ مكان، إلا هي، قالت: لا أعرف.. أي مكان يسعدكم، فلا مشكلة عندي .

فحينها جلس الأب مع ابنته وسألها: لماذا لا تتمردين؟

فنظرت في عجب: علام أتمرد؟

فقال الأب: على أي شيء. أنت في سن المراهقة وهذه سن التمرد والاعتراض على قرارات الأهل .

فأجابت: أنا قررت ألا أتمرد وألا أعترض، وأصبح الابنة التي يتماناها أي أب وأم. ابنةٌ مطيعةٌ جدًا، تقول "حاضر" دائمًا، لا تعترض ولا تخالف لوالديها أمرًا أو رغبة .

فحزن الأب حزنًا عميقًا وقال لها: يابنيتي، يجب أن يكون هناك توازنٌ في كل شيء. فكما نقول نعم يجب أن نقول لا، وكما نضحك نبكي.. هذا هو حال الإنسان، فَطَرَهُ الله على هذه الشاكلة .

فأجابت الابنة: ولكن ما جدوى الاختيار أو قول لا؟ ففي النهاية سأنفذ ما تريدون، فأنتم الأب والأم، وسواء بإرادتي أو رغمًا عني سأرضخ لرغباتكم، فلِمَ التعب إذن؟ ولِمَ العناد؟ ولِمَ حتى التفكير؟ فما جدوى الاعتراض وقول لا؟ بل الأفضل لي أن أطيع، حتى لا أشعر بالحسرة أو تمني ما ليس لي من البداية .

فقال الأب: لا يجب أن تتعلمي أن تقولي لا وأن تعترضي على ما لا ترضين، فأنت تقولين رأيك وتناقشيني وأناقشك، إما أن تقنعيني وإما أن أقنعك. والأمر الذي نتفق عليه هو الذي ننفذه. سواء كان هذا رأيي أو كان رأيك في البداية. أنا لا أقهرك أو أستبد برأيي، وأنا لا أقبل أن تكون ابنتي إنسانة سلبية إمعة لا رأي لها ولا شخصية .

فتعجبت الابنة بشدة من حديث والدها، وقالت: حضرتك عجيب، فأي أب في الدنيا يتمنى أن تكون له ابنة مطيعة هكذا، لا تجادل ولا تحاور ولا تناقش، بل مريحة ومطيعة، لا تنبس بكلمة غير حاضر وتنفذ رغباتهم، أما حضرتك فتطلب العكس، تطلب التعب والمناهدة وقلة الأدب.

فقال: لا، أطلب أن تعرضي رأيك بأدب لا قلة أدب، أطلب أن تكون لشخصيتك خطوط عريضة وأن تنحتي لنفسك شكل واتجاه،

أنا أرفض أن تكوني ضعيفة مقهورة ومغلوبة على أمرك، فالمؤمن القوي خير عند الله من المؤمن الضعيف وكلاهما مؤمن، وقال الرسول (صلى الله عليه وسلم): "لا يكن أحد منكم إمعة"، أي تابع، لا شخصية له، فأنا أطمئن أكثر حين أعلم أن ابنتي قوية، تعرف غاياتها وطريقها، تعرف أن تقول لا على الشيء الذي لا يعجبها، فأنا قد ربيتك على القيم والأخلاق وأعلم أنك تستطيعي أن تحددي الصح من الخطأ، ولكن إذا لم تقولي لي لا على ما لا يعجبك فهذا معناه أنك سترضخين لأي أحد يسيطر على حياتك وستكوني إمعة، تابعة، تبحثين عمن يقود لك حياتك ويسيرك كيفما يشاء مثل العروسة الماريونيت، رهن إشارته وفي غاية الطاعة والاستسلام والرضوخ، وستجعلي من نفسك فريسة سهلة لأصدقاء السوء، وسيكون غايتك أن تبحثي عمن يقهرك لتعيشي دور الضحية، وهذا ما لا أقبله أبدًا، أنا لست من هؤلاء الآباء الذين ينظرون فقط تحت أقدامهم، ويبحثون عن الراحة المؤقتة ولا يريدون وجع الدماغ، كلا أنا أبحث عن التعب فهذه هي التربية، أريد ابنة قوية محددة المعالم، لا تخاف ولا ترضخ، أنفها شامخ في السماء، ومتماسكة كالجبل انهيارها صعب جدًا، لا ضعيفة متراخية متكاسلة، أريد ابنة لها رأي حكيم، تعرف كيف تفكر وكيف تدافع عن أفكارها وأحلامها وأهدافها ونفسها، لا ابنة مائعة لا لون لها، تذهب مع من يجذبها. فذلك يطمئني أكثر، إن قلت لي لا على ما لا يرضيك عن نفسك ستقولي لا وتغيري دفة حياتك للطريق الصحيح المشرف وسأطمئن أنك إذا طلب منك أحد الأصدقاء أي شيء خطأ ستعرفي أن تقولي لها لا ولا تطيعيها فيما تفعل بل ستنصحيها وتكوني من الآمرين بالمعروف والناهين عن المنكر، فتكوني قبلة للخير ورمزًا للنبل مع القوة والصلابة في الحق مع اللين في النصح، فهذه هي الابنة التي أفتخر بها، لا الابنة الضعيفة المنكسرة المستكينة، نعم أريدك

15

مطيعة لي ولكن بإرادتك وأن تكوني مقتنعة بما تفعلين، تفعلين الشيء لأنك تريدين أن تفعليه والرغبة تكون نابعة من داخلك لا لأني قلت ذلك .

فردت الابنة: ولكنك أنت الأكثر خبرة وصاحب الرؤية الأبعد والأكثر حنكة، فإذا أردت أنا شيئًا واعترضت أنت عليه فبالتأكيد أنت الصح وأنا الغلط لأنك أبي فأنت أكثر إنسان يخاف علي ولا تريد لي سوى الصلح فلم الاعتراض إذن ولم الاختيار وما دام لا يوجد اختيار إذن لِمَ التفكير؟

فأجابها الأب: كل ما قلتيه صحيح ما عدا أني دائمًا على حق، فأنت من جيل وأنا من جيل آخر فأنت أعلم بزمنك مني وتحديات حياتكم أصعب بكثير مما كنت أنا أواجهه وربما أنا الأكثر حنكة وخبرة الآن ولكن حين تصبحين أنت في مثل سني الآن تكوني قد تعرضت لخبرات أكثر مني تجعلك أكثر حنكة وحكمة وخبرة مني، وهذه هي حياتك أنت من سيعيشها ويذوق حلوها ومرها ليس أنا، فأنا قراري يجب أن يكون استشاري فقط لا يجب أبدًا أن تتركي أحدًا يأخذ لك قراراتك مهما يكن هو، يجب بل لابد حتمًا أن تفكري وأن تفتحي عينيك وأذنيك وأن تسمعي آراء كل من حولك لتلمي بجوانب مختلفة فربما رأى أحدًا جانبًا أنت لا تعرفيه ولكن في النهاية يجب أن تفكري جيدًا جدًا قبل أن تقرري، فأنت هو من سيتحمل عواقب القرار، فالقرار يجب أن يكون قرارك، فدائمًا هناك اختيار وقرار وأهم شيء أن ترفضي فعل ما لا يرضيك، فلا أعلم بحياتك من البشر غيرك، واستخيري الله في كل شيء، فالرسول (ص) كان يستخير حتى في حبة الملح، فلنتفق الآن على أن تفكري وأن تناقشيني لأعلمك كيف تقيمي الأشياء

وكيف تستطيعي أن تنظري من جوانب متعددة لتلمي بأطراف أي قضية أو مشكلة، وأن أعلمك كيف تحكمين على الناس من كلامهم وتصرفاتهم .

فترد الابنة: ولكني أخاف أن أخطئ التفكير والقرار.

فابتسم الأب وقال: لا تخافي فهذا أمر طبيعي، الإنسان يتعلم من الخطأ، ليس عيبًا أن نخطئ ولكن العيب أن نكرر الخطأ، يجب أن نقع في الخطأ لنعرف الصواب، نحن علينا الحذر ولكن إذا زللنا للخطأ بعد توخي الحذر فلا عيب في ذلك ويجب أن نحلل لماذا أخطأنا حتى لا نقع فيه مرة أخرى، وأنا أهتم بالخطأ أكثر من المنفعة لأنه إذا فاتتك منفعة فلا ضرر في ذلك إنما الخطأ قد يولد الضرر، هل اقتنعت؟

فأجابت الابنة: نعم، وسأعمل على ذلك إن شاء الله.

ومنذ ذلك الحين والأب يعمل على ترسيخ هذه المبادىء مع ابنته، بل اضطر في بادئ الأمر أحيانًا أن يضغط عليها لتنفجر وتقول بعلو صوتها لا، ويوم أن فعلت ذلك أراد أن يكافئها على شجاعتها، فأخذها للصائغ فقالت: لا.

فتعجب الأب ففسرت الابنة: أنا لا أحب الذهب لا أحب الأشياء التي إذا ما ضاعت تحسرت عليها وتمنيت لو لم أشتريها من بادئ الأمر.

فتبسم الأب من ابنته وقال: يجب أن تتعلمي أن تحافظي على ما تحبين، وأن تبذلي جهدًا لذلك، فإن فعلت ذلك وضاع الشيء فلا تحزني ولا تتحسري فسيكون ذلك هو قدره ولم يضع تقصيرًا

17

منك، وهذا هو المهم ألا تقصري في واجبك ويجب أيضًا أن تقدري الشيء حق قدره فلا تحزني على شيء تافه فيشغلك ذلك عن أشياء أهم بكثير.

وسكت الأب وجذب يد ابنته إلى داخل المحل وقال اختاري ما شئت واعلمي أنه لو ضاع لن ألومك فهذه أشياء ملموسة ومادية وتافهة مهما غلى ثمنها المهم ألا تضيعي الأشياء الغالية بذاتك وبحياتك فهناك أشياء لو ضاعت ضاعت معها الحياة كلها تلك هي الأشياء التي تريد حرصك وعنايتك .

وفي النهاية وبعد مرور عدة سنوات على تلك الأحاديث، حدث يومًا أن العائلة بأسرها كانت تريد الخروج للفسحة ولكن رفض الأب دون إبداء أسباب وهرب من المحايلة بالدخول للاستحمام، فخرج ليجد الابنة وأخيها الصغير يقفون أمام باب الحمام وقد لصقوا ورق على صدورهم وظهورهم وعلى حوائط المنزل ووقفوا يهتفون بما كتبوا: لا للإنفراد بالرأي، لا للقهر، لا للاستبداد، لا للدكتاتورية، لا لفرض الرأي، عايزين نخرج.

فضحك الأب على غير توقع الأم والأخ الأكبر، فالأم ظنت أنه سيغضب وتوقع الأخ الأكبر أنه لا فائدة وأن الأب سينفذ قراره حتمًا لا محالة ولن يغير ذلك من الأمر شيئًا ولكن على غير المتوقع ضحك الأب وقهقه من قلبه وقبل الابنة والأخ الأصغر وقال: فكرتوني بمظاهرة فلاحين جنوب انجلترا، وسأل الابنة: إلى أين تريدين الذهاب، سنذهب إلى أي مكان تختاريه وسعد جدًا وافتخر بابنته لأنها تعلمت أن تقول لا .

18

هذه مقتطفات من حياتي مع والدي رحمه الله وهذه الحوارات والمناقشات دارت بيني وبينه وترسخت في أعماقي كأنها حفرت على صخر، رحمه الله وأدخله فسيح جناته وجعل قبره روضة من رياض الجنة وجمعني به فيها إن شاء الله .

هذه الفتاة ستجلب لنا العار

في عام ١٩٢٠، في إحدى قرى دلتا مصر، قام السيد كمال بخطبة فتاة جميلة ابنة أسرة ذات حسب وسمعة طيبة بقرية مجاورة لقريته، وكان السيد كمال هو الآخر ابن أحد أثرياء قريته وكان يعمل بالتدريس في المدرسة الثانوية بقريته. وقد أحب خطيبته حبًا جنونيًا وهي كانت تبادله نفس هذه المشاعر ولكن للزواج تقاليد يجب اتباعها وكل شيء لابد أن يأخذ وقته حتى يظهر بمظهر يليق بالعائلتين الكبيرتين ولكن كبراء هاتين العائلتين لم يأخذا في اعتبارهما مشاعر هذين الشابين .

فهذه المشاعر قد اتقدت واحتدت وأصبحت الفتاة تتحجج بشراء أي شيء أو زيارة أية صديقة لتلقى حبيبها وخطيبها دون علم أهلها، وهو لم يكن يرى عيبًا في ذلك لأنه تقدم فعلاً لخطبتها وكل المسألة هي مسألة وقت وقد أقنعها أنهما لا يقومان بأي خطأ إنهما فقط يحاولا أن يتعرفا على بعضهما البعض بعيدًا عن الأنظار ليكون لهما حرية أكثر، فهما لا يستطيعان أن ينبسا بكلمة في الزيارات العائلية الإعتيادية التي تتم في منزل العروس ويكتفيا فقط بتبادل النظرات والابتسامات وبالطبع يكون أعين الأمهات والأختين وبنات خالات وعمومة العروس كلها مركزة على هذه النظرات والابتسامات!!

19

ولكن بطبيعة الحال أصبحت هذه الخلوات في تطور طبيعي بدأت بالتعارف ثم كل منهما حكى للآخر قصة حياته ثم تكلما عن الأحلام والأمنيات وهنا كانت نهاية المطاف بعدما كانت كلمات إعجاب بريئة أصبحت غزل عفيف ثم غزل صريح فغرقا بالأحلام وتصورا أنفسهما زوجين. وبالطبع هناك دائمًا من يراقب الحب فطارت الشائعات من هنا وهناك وكثر الحديث عن مقابلتهما حتى وصل هذا الكلام إلى والد وأخو وأعمام وأبناء عمومة هذه العروس الجميلة .

وبعدما حدث ما حدث، أضربت العروس عن مقابلة حبيبها وقلق السيد كمال عليها كثيرًا فطار ورائها يحث أهله على سرعة إتمام الزواج وكثرت زياراته وحده لبيت العروس لعله يراها ولو من بعيد وليطمئنها أنه يحبها أكثر وعندما بدأ إصراره وعنده يزيدان، ساور الأب القلق أن تكون الشائعات صحيحة خاصة بعدما لاحظ اكتئاب العروس وبدأ وجهها يشحب ويذبل ولم يعد يرى الفرحة ترفرف في عينيها كما قبل، فقرر إنهاء الزيجة حتى يقضي على كل الشائعات وأصر على زواجها من أحد أبناء عمومتها سريعًا!!

وعندما علم السيد كمال بذلك تعجب كثيرًا من مثل هذا القرار وذهب سريعًا لوالدها فوجد الأب في قمة الغضب وقال بصوت أجش عال اهتزت له الأشجار المحيطة بالمنزل: "منذ أن أنجبت هذه الفتاة وأنا أعلم أنها ستجلب لنا العار!! العار العار!! ليتني دسستها في التراب وقتها، غدًا زواجها من ابن عمتها فاذهب من هنا ولا أريد أن أراك ثانية ."

فاختفي من أمام الأب وكل ما يرن في أذنيه تلك الجملة: "منذ أن أنجبت هذه الفتاة وأنا أعلم أنها ستجلب لنا العار!! العار العار!!"

20

وظلت كلمة العار تتردد في أذنيه إلى ما لا نهاية وكل ما أمام عينيه هو صورة حبيبته .

وبعد عدة سنوات توفي والده فأصبح هو ولي أمر وعائل أخته وأمه. وطوال هذه السنوات كان حزينًا وحيدًا، وقد أضرب عن الزواج .

ثم تقدم أحدًا لخطبة أخته وقد سعدت الأسرة لذلك ولكن حدث مع أخته ما حدث مع حبيبته وجاءت إليه الشائعات الخبيثة عن أخته فاحتار في أمرها ولكنه عزم على زواجها من ابن خالها في نهاية الأسبوع وإما أن تقبل وتطلق الـ٢١ طلقة المشهورة في اليوم التالي للزواج أو تكون جنازتها لتدفن في مدافن الصدقة في صمت وتكتم من كل العائلة حتى لا يلحقهم العار!!

ولم تجد توسلات أخته أي صدى عنده حتى عندما جثت على ركبتيها تحت قدميه تقبل يده وتطلب منه أن يقتلها عن أن يزوجها هذا الحيوان الذي يدعى ابن خالها، فهو هو الآخر كان يكره هذا ابن الخال فهو فعلاً كالحيوانات غبي لا يعرف شيئًا سوى الأكل، دائمًا متسخ المظهر، كريه الرائحة ذو شاربين طويلين أشعثين كما يقال عنهما يقف عليهم الصقر ولا يقع هما أشبه بفروع الشجرة!

وذهب إلى حجرته واختلى بنفسه وراودته كل هذه الأفكار، فهو قد أعلن فعلاً الزواج ولا يستطيع أن يتراجع فيه ولا يمكن أيضًا أن يذهب للعريس السابق ويطلب منه أن يعود ليتزوج أخته فهذا سيؤكد الشائعات لا محالة وسيظل العار يلاحق رجال العائلة قبل بناتها!!

21

وفاجأه مشهد جعله مصرّ أكثر على قراره وهو أنه قد يأتي يوم وعند أي مشادة بينه وبين هذا العريس قد يتفوه العريس عند الغضب بما حدث وينهي النقاش أنه يكفي أنه تستر على أخته وعلي فعلتهما وعند هذا عزم على قراره وقال لنفسه كأنما يحادث أخته: "هذا ابن الخال هو عقاب على فعلتك مدى الحياة أم ظننت أن نكافئك ونزوجك من هذا العريس ليدس رؤوسنا جميعًا في التراب."!!

وفي يوم الزفاف لم ينم وظل طوال الليل صورتا حبيبته وأخته تتبادلان في رأسه وأمام عينيه لا يدري ما يفعل!!

وقال: "ياللمصيبة، إن كانت هذه الشائعات صحيحة، أفأقتل أختي فعلاً، لا لا أستطيع، لا لن أفعل، حينها يجب أن يقتلها ابن خالها فهو الزوج، لا لن أترك هذا الحيوان يلمس منها شعرة!! وسآخذها وأهرب بها إلى بلد لا تعرفنا، نعم هذا هو الحل، الهرب!! وعاد مرة ثانية يفكر، ياويلتاه وإن كانت هذه الشائعات باطلة وأختي عفيفة، ياويلتاه أأكون قد عاقبتها على فعلة لم ترتكبها؟! ياربي ماذا أفعل."!!

وشعر حينها أن الله يعاقبه على فعلته هو، وخرج مسرعًا عازمًا أن يسأل أخته سؤالاً مباشرًا حتى يخرج من عذاب تلك الحيرة ولكنه عاد سريعًا وأغلق باب غرفته عليه وقال: "ماذا أنا بفاعل، كيف أسألها مثل ذلك السؤال!! آه أيضًا إذا سمعنا أحد الخدم... كلا!! أنا سأصمت وأترك الأيام والأقدار تأخذ مجراها، وحين خرج سأل عن أخته وأمه فقال له الخدم أن الأم فوجئت بنقصان أشياء مهمة جدًا بشوار العروس وسافرت إلى القرية المجاورة لإحضارها وسيعودا قبل الزفاف مباشرة فاستراحت أساريره وفرح كثيرًا وظن أن أمه قد أنقذت أخته وكانت أشجع منه فقامت

هي وأخته بالهرب، فسعد لذلك كثيرًا ولكنه فوجئ فعلاً بعودة الأم والأخت قبل الزفاف وجاءت أمه إليه واعتذرت له أنهما سافرا دون إذنه والأمر لم يكن يحتمل أي انتظار وضغطت على يده ضغطة خفيفة وطمأنته أن كل شيء سيكون على ما يرام، وحينها تأكد بحدسه، إذن الشائعات صحيحة فأطرق بعينيه ليطمئن على أخته في حجرتها وقد التفت حولها كل بنات ونساء العائلة يجهزنها، تلك تكوي ذيل الفستان وهذه تسرح شعر العروس وتلك تضع الحنة وهذه تضع أحمر الشفاه وكل الأعين ترتكز على انعكاس العروس في المرآة إلا العروس نفسها فهي أشبه بالجثة التي يشدها الناس ويحركوها لتبدو حية ولكن الروح قد فارقت الجسد منذ زمن بعيد فعيني العروس دائمًا على الأرض، ومقلتيها قلقتان في مكانهما كمن رأى عزرائيل ولا يصدق ما يرى، كانت رقبتها دائمًا منكسرة حتى أن رأسها كان دائمًا ملامسًا لصدرها كمن يدرب نفسه على الوقوف على المقصلة، وتمنى حينها لو جاء عريسها السابق ليخطفها لسهل لهما الهرب فورًا، وتعجب لماذا هذا العريس لم يكمل طيشه ويقدم على هذه الفعلة ولكنه بعد ذلك علم أن العريس قد سقط مريضًا منذ أن جاءه خبر زواج حبيبته من آخر ولا أحد يعلم ماذا سيكون مصير هذا العريس!!

وفي اليوم التالي على التوالي قد جافاه النوم وظل قلقًا على أخته يفكر آلاف المرات في أن يفتح حجرة أخته فجأة ويقتل هذا الوحش ولكنه كان أضعف من ذلك ولم يستطع فعل أي شيء وصبر نفسه أن هذا سيؤكد الشائعات ويلزقها بأخته مدى حياتها وسيلحق العار بالعائلة، العار، وظلت صورة والد حبيبته تردد كلمة العار في أذنيه حتى كادت تفجر رأسه!!

وفي الصباح وجد ابن خاله يخرج بشاربيه ورائحته كأنه طرزان الذي قد أجهز لتوه على أسد بساعديه والنشوة والسعادة يطلان

من وجهه وحين تسقط عينيه على أخته، يقول: "ليتني قتلتها"، فقتلها كان رحمة لها عن هذا العذاب وتدمع عينيه وبعد يومين لم تحتمل نفسه كل هذا العذاب وعدم النوم فقرر هو الهرب، فطلب نقله إلى إحدى المدن الساحلية البعيدة حتى يرحم نفسه على الأقل من رؤية أخته وذلك الطرزان!!

وبعد فترة قصيرة تحولت حياته إلى إشراق أكثر بسبب زميل له بالمدرسة الذي اتخذه صديقًا وقد دعاه هذا الصديق إلى منزله مرات كثيرة وكان في كل مرة لا يكل ولا يمل من الإطراء على زوجته وعلى أكلها وحسن خلقها وطيب أصلها وحسن معاشرتها وينهي هذه الوصلة بأنه يكفي أنها رفعت رأسه وسط أهله بإنجابها ثلاث صبية معافين أقوياء وأذكياء (فكان ما زال في ذلك الوقت الاعتقاد بأن الزوجة هي المسئولة عن الإنجاب وعن نوع الجنين).

ولكن بعد فترة قصيرة توفي هذا الصديق، وأوصاه أن يدير حاله على أسرته حيث أنهم لا إرث لهم فيعقد السيد كمال العزم على أن يتزوج هذه السيدة، فهو لم يعد يثق بأية نساء ولا يدري كيف خدعت أخته ابن خاله الذي يظن نفسه أذكى الأذكياء، فأصبح عنده دائمًا شك في كل النساء أنهن مثل حبيبته وأخته، لهما قصة حب مجهولة مدفونة في الأعماق لا يدري بها أبدًا ذلك الزوج المخدوع وهو يأبى على نفسه أن يكون ذلك المغفل، وهو بذلك تساوى مع جهال القوم ولم ينقذه التعليم أو نسى كل ما قرأ في الدين وترك نفسه فريسة لمثل هذه العادات البالية والمفاهيم العقيمة، وحينما كان يرى في أعين الناس السؤال وتعجبهم من تزوجه من أرملة وهو لم يسبق له الزواج، يصبّر نفسه بإجابة أنه على الأقل ليس مخدوعًا فهو يعرف من كانت هذه المرأة تحب وأنه حتى لم يشعر بالأذى أو الضيق قط حين أخطأت عدة مرات

ونادته باسم زوجها المتوفي بل ذلك كان يطمئنه أكثر أنها زوجة عفيفة ولكنه أحيانًا يشعر بالغيرة من حظ صديقه وأنه تزوج من أحب وعاش حياة هنيئة .

وبعد سنة من الزواج أنجبت الزوجة وليدًا، طبعًا كان يفكر دائمًا أنه ولد لا محالة، فهذه الزوجة لا تنجب سوى الأولاد، وهو قد أصبح يكره البنات والنساء كافة، ولكن شاءت مشيئة الله أن تكون طفلة، نعم إنها مولودة وليست مولود، وحين وضعت الداية الابنة في يده ملفوفة وهي تزغرد وتسمي وتقرأ كل ما تحفظ من القرآن على هذه الطفلة وهو لا يفهم لماذا، إنها بنت، علام تعوذيها، إنها مصيبة، هل هناك أحد يعوذ مصيبة من الحسد، وحين وقعت عيناه عليها وجدها كالبدر المكتمل، وجه مستدير، عينان واسعتان، بياض كاللبن، وقع على أقرب كرسي وعاوده كل الماضي، آه إلى أين الهرب، كيف الهرب هذه المرة، وكل ما ظل يدوي في أذنيه كلمة حماه السابق: "منذ أن أنجبت هذه الفتاة وأنا أعلم أنها ستجلب لنا العار... العار"

ونسي الآية الكريمة: "وَلْيَخْشَ الَّذِينَ لَوْ تَرَكُوا مِنْ خَلْفِهِمْ ذُرِّيَّةً ضِعَافًا خَافُوا عَلَيْهِمْ فَلْيَتَّقُوا اللَّهَ وَلْيَقُولُوا قَوْلا سَدِيدًا."

(سورة النساء آية ٩)

والحديث الشريف: "كلكم راع، وكلكم مسئول عن رعيته."

وأن العار لا يأتي إلا بعدم تقوى الله وعدم رعاية العوائل!! وهمس له الشيطان أنه لا جدوى سوى حل واحد وهو عزل هذه الفتاة عن الناس حتى لا يراها الناس وكسر كل المرايا حتى لا ترى نفسها وإقناع البنت أنها قبيحة ودميمة وينقبض نفس كل من يقع عينه عليها، وحين كبرت البنت قليلاً وبدأت تتفتح للدنيا، وبدأت تسأل عن الناس وعن سبب عدم قدرتها على لقائهم مثلاً

مثل والديها وأخوتها وتريد أن تعرف مدى قبحها، فأجابها والدها أنه حرمها التعليم ومنعها الناس لينقذها من همس ولمز الناس عنها بالسوء وشفقة من سماعها لسخريتهم لها ورحمة بها من أن ترى تقطب الناس كلما وقعت عيناهم عليها، وعند سؤالها عن مدى قبحها: أحضر لها بعض الاسطوانات التي تمدح السمر فقط مثل أسمر ياأسمراني أما هي فبيضاء كاللبن إذن هي قبيحة وكريهة واسطوانة قارئة الفنجان: "والشعر الغجري" أما هي فشعرها ناعم مسترسل على كتفيها إذن هي دميمة قبيحة وبالطبع بسبب جهلها لم تعلم قط أي شيء عن عمليات غسيل المخ وقد صدقت كل ما قاله أبوها لها، فهو الوحيد الذي يحبها ويخاف عليها ولا ينقبض وجهه عند رؤيتها حتى أمها دائمًا ما ترى أمها تنظر لها بحزن وشفقة وأخوتها كذلك وحين تسألهم عن السبب لا أحد يجيب أما والدها فتتهلل أساريره لها، وكثيرًا ما كانت تسمع أخوتها يتشاجرون مع والدتهم وتسمع اسمها يتكرر ولا تعرف السبب ولا ترى أن أمها أو أبيها مقصرين في أي شيء معهم بل يأخذون أكثر مما يطلبون وفي أي وقت وحين تسأل الأم تنكسر عينا الأم وتمتلآن بالدموع وتبكي وتجيب: "لا شيء يابنيتي، إنهم فقط يفتقدون والدهم المتوفي، أما والدك فهو فضله علينا جميعًا، ويكفي أنه رحمنا وكفانا ذل السؤال. "

ومرت أعوام وكبرت الفتاة وبدأ يتقدم لها الخطاب وإذا بالأب يرفضهم جميعًا دون إبداء أسباب وهنا غضب الأخ الأكبر غضبًا عاصفًا ودخل هو وأمه على السيد كمال ليواجهوه بظلم ما يفعل، ما كانوا يتمنوه هو أن يأتي أحد لينقذ هذه الفتاة المسكينة من ذلك الأب الظالم وتدور المواجهة على ما يلي :

الأخ: "لماذا ترفض الخطاب؟ أتريدها أن تنحرف أم تهرب وتجلب لنا ولك العار؟.".!

فإذا بالأب يرد في جزع: "لا كلا ابنتي لن تجلب لنا العار، لا محالة، فلذلك أنا أبعدها عن كل الناس، وأنتم يجب أن تساعدوني، لن أقبل أن أدخل بيتي شخصًا يسمعها من الكلام المعسول ما يأخذ به قلبها وعقلها وكل شيء وعندئذ فقط ستجلب لنا العار، ولكني مطمئن الآن، فإن حاول أي شخص الإقتراب منها، فهي التي ستهرب منه، ولن تصدقه القول في أي شيء يقوله، وأنا قلت لها ذلك واقتنعت أنها لا تملك أي شيء يجعل الناس يتوددون إليها سوى أموالي، فكل من سيقترب منها سيكون طامعًا في ميراثها وأموالها."

فرد الأخ: "أنت... كيف أنت هكذا، ألم تتعظ من سورة الكهف التي تقرأها كل جمعة، ألم تر كيف الله أرسل نبيه الخضر من أقاصي البلاد ليبني حائطًا على الكنز لأولاد تيتموا ولم يكن هناك أي فضل لذلك الرجل سوى أنه اتقى الله فحفظ الله أبناءه، احفظ الله يحفظك، اتق أنت الله ولا تقلق عليها سيحفظها الله من كل سوء وكل شر ويرسل لها من ينجدها ويساعدها ويغنيها الله من حيث لا أحد يدري ولا يحتسب، فيجب أولاً أن تتق الله فيها، أنت ظالم ظالم ظالم، إنك تعاقب ابنتك على ذنب هي لم تقترفه، نعم هذا ذنب أناس في ماضيك أنت، هي لا تعرفهن، لم تدفع هي ذنب هؤلاء النساء، دعها تعيش عمرها وتتمتع بحياتها، ارحمها."

فيسقط الأب إثر هذه الكلمات ويشعر بمدى ظلمه لابنته فيستدعيها على الفور: "ابنتي، اعلمي أنك كنت الفرحة الوحيدة بحياتي، فأنت الوحيدة التي كنت تستطيعين وضع الإبتسامة على شفتي، بل إنك كنت الوحيدة التي كانت تجعلني أقهقه وأضحك ضحكات

27

صافية من قلبي، وكم أنا سعيد أنك خالفتي ظني ولم تجلبي لي العار، أرجوك سامحيني."

وتوفي الأب وسافرت العائلة إلى مسقط رأسه لدفنه والتشاور مع العائلة على مصير الابنة!!

فتقابلهم العمة ببرود ولم تبك أو تترحم على أخيها فهي أصبحت جامدة كالصخرة، قاسية القلب، لا تحزن ولا تفرح، كل ما تفعله أنها تأكل وتشتري ذهبًا، فهي أصبحت سمينة جدًا كالبقرة، كان لزامًا عليها أن تتكيف مع حياتها مهما كان الثمن، وأكيد كان هذا هو الحل الوحيد لتستطيع تحمل ذلك الثور الذي يعيش ببيتها وهو أن تتحول هي الأخرى إلى بقرة!!

دائمًا تلبس ملابس سوداء قاتمة منذ زواجها ويداها ورقبتها يحملون من الذهب ما يكفي لفتح محل ذهب، إن زوجها قد استولى على كل أملاكها وأرضها وثروتها ولا تجد طريقة لنزع المال منه والحفاظ عليه غير على هذه الشاكلة ..

وكانت الابنة دائمًا تغطى بثوب من رأسها لقدميها حتى لا يراها أحد ...

ولكن بعد الأربعين، أصرت العمة على أن تتزوج الابنة، فهي قد كبرت ووليها قد مات، فأحضرت الخاطبة وجلست الأم والابنة ينظرون إلى صور الخطاب، فإذا بالابنة تختار أقبحهم وأغناهم، وتتحجج أمام الأم بأنها بذلك لن تقلق من أن يكون طامعًا بثروتها وبالرغم من محاولات الأم والأخوة والعمة والخاطبة بإقناعها بأنها جميلة إلا أن باءت هذه المحاولات كلها بالفشل فمن ربي على شيء مات عليه .

وفي اليوم التالي من الزواج استيقظت الابنة ونظرت إلى زوجها النائم، فإذا بنفسها تنقبض لدمامة وجهه ولكنها حمدت الله أنه بذلك لن يسخر منها أبدًا لقبحها، فهي بالتأكيد أجمل منه ولو لبعض الشيء وهو أغنى منها وكريم إذن لن يطمع بإرثها وبذلك تكون مخاوف والدها جميعًا قد تبددت.

ولكن ذلك الزوج الشاب كان يعمل مهندسًا بالقاهرة وكثيرًا ما كان يسخر منه الأهل والأصحاب ويؤكدون له أنه سيعيش وحيدًا أبد الدهر ولن يجد من تقبل به زوجًا، وبعد أن نصره الله وتزوج هذه المرأة الجميلة أراد أن يكيد كل من عيره طوال حياته فحاول مرارًا وتكرارًا أن يأخذها لتخرج معه كاشفة وجهها فقط، وكانت دائمًا ترفض بحجج مختلفة حتى يومًا صارحته بحقيقة شعورها وأنها لا تجلس أمام المرآة حتى لا ترى وجهها، فتعجب الزوج وضحك كثيرًا لما تقوله، وأخذها في ذلك اليوم لرؤية فيلم بالسينما وجعلها ترى وتسمع ما يقوله الناس عن النجمة الأمريكية بطلة ذلك الفيلم ومدى استحسانهم وإعجابهم بفرط جمالها وبعد الفيلم اشترى صورة لتلك البطلة، وعند عودتهم للمنزل، أجبرها على الجلوس أمام المرآة وجعلها تقارن نفسها بتلك النجمة الأمريكية وقال أنها حتى أجمل من تلك البطلة، وظل هكذا حتى بدأت تلين وتفرح بما يقوله زوجها وبدأ يشتري لها مجلات الموضة والفن والمسرح ويقرأها لها وبعد عدة مرات وافقت الزوجة على الخروج معه دون وشاح يغطي وجهها والخروج للعشاء مع أصدقائه وأسرهم، ولكن كان الغالبية من الحاضرين لم يتزوجوا أصلاً ويقضون حياتهم لهوًا ولهثًا وراء النساء، وبالطبع كان الزوج في منتهى الفخر والخيلاء بزوجته واختلق قصصًا عن مدى حبها له وكم سعت وراءه وترجته حتى يتزوجها، وبدأ الأصدقاء يسعون ورائها بالغزل والابتسامات والهدايا ثم

المكالمات التليفونية أثناء غياب الزوج بالعمل وكانت الزوجة تسعد كثيرًا لهذا الكلام وكلما سعدت كلما دعت على والدها الذي حرمها متع الحياة وكم رفضت أن تترحم عليه بعد أن أفقدها الثقة في كل ما قاله لها عن الزواج والحب والشرف!! "الحب ضعف وضياع، لا تحبي والزواج استعباد وسخرة لا تتزوجي، حافظي على شرفك فهو كل ثروتك."!!

وبعد فترة بدأت الزوجة تضجر من زوجها وتعايره بقبحه مقارنة بأصدقائه وطلبت منه الطلاق لأنها تحب أحدهم وستتزوجه، ولكن هيهات أن يتزوج رجل من امرأة طلقت من أجله، فتسلى بها ثم هجرها، وتوالى الرجال وانحرفت الابنة فكانت هي التي جلبت العار لوالدها وكل عائلتها !!!

نصائح أم مودرن لابنتها

حين بدأت الابنة تكبر وتتفتح للدنيا، قررت الأم أن تنصح ابنتها لتحميها من غدر نفسها والناس فقالت لها :

١- يابنيتي، صوني قلبك واحفظيه، اجعليه كالقلعة الحصينة بأسوارٍ عاليةٍ منيعةٍ. فالرجال غير النساء، لقد خلق الله النساء من نسيجٍ حيٍّ من ضلع الرجل، أما الرجل فخُلِقَ من ترابٍ جامدٍ، المرأة تعيش كل حياتها للحب وبالحب، وهو عادةً يكون محرك المرأة الأساسي الذي يُعينها على الحياة والاستمرار والمقاومة، مهما كانت الحياة صعبةً أو قاسيةً، أما الرجل فسِرُّ نجاحه عادةً يكون العزيمة وليس الحب .

٢- اعلمي يابنيتي أنك مهما كنت قويةٍ، فأنت ضعيفةٌ أمام قلبك. وإن أحب قلبك يومًا الشخص الخطأ فسيترك أثره في قلبك لا محالة، حتى لو تبدل الحب بالكره.. فذلك ما زال علامةً لن تنسيها أبدًا، فادرئي بقلبك عن كل ذلك واحفظيه، فهو رقيقٌ وأهوجٌ وقد لا يتحمل هذه الآلام .

٣- تجنبي يابنيتي مخالطة الرجال، فإن بهم شهوةً قد تؤذيكِ وتضركِ، طمئني قلبكِ إنّ من خُلِقْتِ من ضلعه لآتٍ إن شاء الله.. لا محالة أن يهرب منك مهما حاول، وما قَدَّرَهُ الله سيكون، فاحفظي الله يحفظك .

٤- وأنصحك أن تتزوجي صغيرة، فيكونِ لزوجك فقط كل الأثر والحب والاهتمام في قلبكِ، فترين الحياة من خلال عينيه هو، وكما يحب هو أن يراها، فتعيشين مرتاحة البال، هنيئة النفس .

٥- تَرَفَّعِي عن مقارنة زوجكِ بغيره من الرجال، فكل إنسانٍ به عيوب، واعلمي أن سر نجاح حبك في قلبك هو عقلك، فأعمِلي عقلك على رؤية ميزات زوجك، وسامحي بقلبك عيوبه ومذلاته، فهذا الطريق إلى السعادة .

ألم تتعجبي يومًا من أن هناك الكثير من المحبين انفصلوا بعد الزواج، في حين أننا ظننا أنهم سيكونون أسعد زوجين بِحُبِّهِم.. كل ما هنالك أن الحب أعمى لا يرى العيوب ويسمو فوق المذلات ويعطي الأعذار أمام الشوق والبعد، ولكن حين يتم الزواج، تذهب لوعة الاشتياق، فكيف تشتاق إلى من تراها ليل نهار.. ويضيع الخيال أما الواقع المليء بالمسؤوليات والواجبات والأوامر .
ولكن إن دمجت الحب بالزواج والخيال بالواقع، لاستمرت السعادة. ففكري ماذا كان يسعدك في الحب، أنك مثلاً كنتِ ترسلين له خطاباتٍ وكروتٍ، وهو مثلاً كان يرسل لك الورد، فاعملا على فعل نفس الأشياء بعد الزواج .

٦- واعملي على كسر روتين الأيام، فلا تجعلي كل يوم كالآخر، فالرجال سريعو الملل، فغيري من وضع أثاث المنزلً من فترةٍ لأخرى، وغيري من شكلك وهيئتك كل فترة، فتُشْعِرِينه كأنما يتزوج كل فترة من امرأة جديدة، فتملئين قلبه وتشغلين عقله بك، وتجعلينه يشعر أنه هارونٌ جديدٌ، ولكن بكِ وحدك .

٧- تزوجي ممن يحبك وليس ممن تحبين.. واعلمي أنه مهما كان يحبك قبل الزواج، فحبه سيقل بعد الزواج مع التعود والرتابة والملل. فإن اخترتيه وأنت تعلمين أن رصيد حبك بقلبه ضئيلٌ فغالبًا سينضب مع الأيام .

٨- تحملي تغير زوجك، فمهما ظننت أنك تعرفينه من قبل الزواج، فستكتشفين أنه غير الذي بخيالك لا محالة. وتحملي أن حبه يقل، فالرجال حبهم عنيفٌ وقويٌّ ومجنونٌ في البداية.. فهو أشبه بالشلال الجارف، ولكن مع الوقت يتحول إلى نهرٍ هادئٍ رتيب.. والمرأة العاقلة هي من لا تسمح لهذا النهر أن يقل حتى لا يصبح جدولاً أو ترعةً، فيضيع كل الحب من قلبه وينضب. وسبب ذلك أن الرغبة والغريزة يكونان من أقوى الدوافع المحركة للرجل.. ومع إشباعهم، تقل ثورة حبه. وأيضًا احذري أن تطيلي فترة الخطوبة لنفس السبب، فإن طال حرمانه فإنه عادةً سيتركك لأول امرأة أخرى تعترض طريقه ويتزوجها. أما المرأة، فقلبها تكوينه مختلف، فحبها يبدأ على استحياءٍ، قليلٍ فقليلٍ، ويزيد دائمًا مع الوقت ومع الإحساس بالأمان والطمأنينة إلى جانب زوجها، ويظل يزيد إلى ما لا نهاية .

٩- اسمِ بنفسك عن الغيرة، فالرجال قلوبهم بها أربع غرفٍ، ويستطيعون أن يحبوا أكثر من واحدة في آنٍ واحدٍ، ويتزوجون أربعة في آنٍ واحدٍ. لقد فطرهم الله على ذلك، فثقي بنفسك ولا تحولي حياتك إلى جحيم مع كل نظرةٍ وتعليقٍ من زوجك على أخرى.. ولكن تَرَفَّعِي بعقلك عن غيرة قلبك، فهم بطبيعتهم شهوة للنساء، في مجاهدتها خير الجزاء، وفي غض بصرهم حسنات. فأعيني زوجك على مجاهدة نفسه ورغباته ونزواته، ولا تتركي

نفسك فريسة الشكوك والأوهام.. وادعِ الله دائمًا أن يحفظ لك زوجك وبيتك، ويديم لك سعادتك .

١٠- اتركي لزوجك الحرية في الخروج مع أصدقائه أو الجلوس إلى أهله وحده، ومحادثتهم بحريةٍ، فذلك سيجعله يشعر ويجعلك أنت أيضًا تشعرين أنه حين يجلس معك فهو بناءً على اختياره، وسيعطي ذلك فرصةً لأن تشتاقا إلى بعضكما البعض. ولا تكوني كالذبابة التي تجلس على أنفه، تعد عليه أنفاسه وترقب اتجاه عينيه وتزن وتطن، ويحتار هو: كيف يتخلص منها دون أن يؤذي نفسه؟

١١- كَبِّرِي زوجك أمام الناس ولا تذكري سوى محاسنه وأفضاله، ولا تذميه قط. فأنتِ تَكْبَرِينَ أمام الناس وفي نظرهم بكبر زوجك وقدر احترامك وتعظيمك وحبك له ونظرتك له .

١٢- اعلمي أن في مجاهدة أي شيء تحبين ثوابًا.. . فجاهدي رغبتك في الكلام والحديث، ولا تثرثري كثيرًا مع زوجك وتعيدي ما قلت كثيرًا، فليس ضروريًا أن يعلم زوجك كل ما حدث بيومك بأدق تفاصيله، فيمل منك، ولكن قولي فقط ما هو مهمٌ أو مضحكٌ أو مثيرٌ، فذلك سيضفي سحرًا خاصًا لك في عينيه، ويجعله يفكر فيما قد تكوني تفعلين في هذه اللحظة خلال يومه، وسيجعله يشتاق لحديثك ويتمتع به وينجذب إليك.. لا أن يكون على علمٍ بما تفعلين في كل لحظة، فيضيع منه الشوق والتشوق .

حاولي أيضًا أن تشوقيه لحكايات يومك، فينتظرك أن تحكيها كأنك شهرزاد، التي تخفف عنه متاعب يومه بحكاياتٍ مسليةٍ مضحكةٍ. ويقول مثلٌ شعبيٌّ: "اللي مراته مفرفشة يرَوَّح من العشا ."

وإن وجدتِ نفسك ستعيدين نفسك وتكررين نفس الحكايات، فآثري الصمت والاستماع له ومشاركته حكايات يومه لمدةً أطول، ومشاركته في هواياته حتى لو كانت غريبة عليكِ، وتَعَوَّدِي عليها، فتصبحين بذلك صديقته حينًا وحبيبته حينًا، وزوجته حينًا أخرى. وإن لم يكن في أيامك التغيير الكثير، فاقرئي وحدثيه وناقشيه فيما قرأت. ولكن دائمًا احترمي أراءه وأعربي عن إعجابك بحكمته وذكائه، لكن دون نفاقٍ أو كذبٍ بالطبع.. قولي ما تشعرين به، ولكن لا تُشْعِرِيهِ قط أنكَ أذكى أو أفضل منه، حتى لو كانت تلك هي الحقيقة .

١٣- تذكري أن الله لو كان أمر أحدًا أن يسجد لغير الله، لأمر الزوجة أن تسجد لزوجها. تَذَكُّرِكِ لذلك الحديث دائمًا سيوقره في قلبك ويزيد من هيبته في نفسك.. إنه حتى سيهدئ من غضبك منه إن كنت تشعرين بالغضب والحنق منه .

١٤- تذكري دائمًا ما أحبك وتزوجك من أجله، فحافظي على تلك الأسباب ليظل حبه يضطرم بقلبه كما كان قبل الزواج. ولكننا دائمًا كنساءٍ نشتكي من تغير الرجال بعد الزواج، وأن الشخص الذي تعيشين معه لم يعد هو الذي تزوجتيه وأحبتيه، وتتناسي نفسك، أنك أنت الأخرى لم تعودي تلك الفتاة التي أحبها. حين تنظرين إلى صورة زفافك حاولي أن تجدي الفروق بين تلك الفتاة

ونفسك، وحاولي أن تُضَيِّقِي هذه الفروق دون إعطاء الأعذار والمبررات لنفسك لذلك التغيير .

١٥- لا تشتكي له، فإن الشكوى لغير الله مذلة. فإن كان هناك ما يستطيع أن يفعله ليساعدك في مشكلةٍ ما فأخبريه، أي أن تقولي ما يزعجك في جملٍ إخباريةٍ هادئةٍ. وتذكري أن تفعلي ذلك بالطبع بعد مدحه قليلاً، حتى وإن أردتِ النقد فامدحيه أولاً، فذلك يخفف من وقع الكلام على قلبه وفي نفسه. وتذكري أن زوجك ليس صديقتك أو أمك أو أبيك ولا أخيك، فيجب أن تحافظي على المودة والرحمة، فهو لم يخلق وحبك في قلبه وتحملك فرضٌ لا مفر منه كأبويك، إن غضبنا نحن فلا نستطيع أن نتركك، ولكن إن ضجر هو فيمكنه أن يطلقك أو أن يتزوج غيرك وتريحه أكثر منك .

١٦- لا تَدَعِي حبكما يذهب، ثم تسألان عنه بعد فوات الأوان.. . ولكن كلما شعرتما أن حبكما يتسرب منكما، فاجلسا وتصارحا لتتسامحا لا لتتعاركا .

١٧- وفي النهاية، اجعلي رسول الله أُسْوَةً حسنةً. لقد كان خيرنا لأهله، وقد كان يستاك قبل الدخول على أهله. فتجملي واستاكي وتطيبي لزوجك، فالرائحة والطيب دائمًا لها عميق الأثر في قلب الزوج .

الوحدة

من أسوأ ما يمكن أن يشعر به المرء الوحدة!

لا أحد يسمعه حين يتكلم..

لا أحد يفهمه حين تتملكه فكرة..

لا أحد يشعر به حين لا يريد أن يتكلم..

لا أحد يشاركه حين يريد أن يفرح..

لا أحد يحس به حين يتألم..

لا أحد يهتم به إن كان حيًا أو ميتًا..

لا أحد يسأله إن كان أكل أو نام..

لا أحد يسأله في الصباح ماذا حلمت..

لا أحد حقًا يستطيع أن يراه من الداخل ولا تخدعه هذه البسمة الزائفة..

لا أحد يمد إليه يده مادام شخصًا آخر سيقوم بدوره..

لا أحد يدعمه حين يفقد ثقته بنفسه..

لا أحد يرى أن البريق بسبب دمعة..

لا أحد يسمع – لا أحد يفهم – لا أحد يشعر – لا أحد يشارك - لا أحد يحس - لا أحد يهتم - لا أحد يسأل - لا أحد يستطيع - لا أحد يدعم - لا أحد يرى.كأنك في مكان مهجور.. لا أحد هناك ولا ترى أحدًا ولا أحدٌ يراك!

وحدك تمامًا في صحراء شاسعة.

الغربــة والوطـــن

أنا لا أعرف بم أبدأ مقالي هل بتعريف الغربة أم بتعريف الوطن؟! ممم... سأبدأ بتعريف العولمة وهي من المفاهيم الجديدة التي يتربى عليها أبناءنا الآن وهي أننا جميعًا سواسية نعيش بعالم واحد وما يفعله شخص في أيسلندا يؤثر على العالم حتى أنه قد يؤثر على شخص في أستراليا فيجب أن نراعي بعضنا البعض ونحرص على كرتنا الأرضية ونحميها معًا جميعًا.

أما عن تعريف الوطن فهل هو مكان الميلاد أو مكان الأهل والأصحاب (حتى ولو نسوك ولم يعودوا يذكروك سوى عند مراجعة ألبوم صور) أم مكان الطفولة أم مكان النجاح حتى ولو بالمرارة في الحلق أم مكان سعد به الشخص ولا يحمل سوى الذكريات الجميلة.

أذكر في كتب القراءة بالمدرسة عرفوا الوطن بمكان الميلاد وبالطبع هذا ليس صحيحًا لأن كثيرون ولدوا خارج بلادهم ولم يذهبوا قط لهذه البلاد ولا يعرفوها وربما لا يريدوا حتى أن يعرفوها.

أما عن أنه مكان الأهل والأصحاب أعتقد أنه هنا يجب أن أتحدث عن تعريف الغربة، فالغربة ببساطة هي البعد عن الوطن وحقًا أنا أتعجب الآن فحين أعود إلى وطني لا أجد أحد ينتظرني أو يعبأ بوجودي أو غيابي فالجميع يجري كالسكارى عقولهم تحسب المصروف وعيونهم تحاول أن تبحث عن الطريق وسط الأدخنة والغبار بصعوبة يذكر إن كان نام أم لا وإن كان أكل أم لا ولا يذكر ماذا أكل والوطن حاله من سيء إلى ما بعد منتهى السوء لم يعد أحد مثلما كان ولا حتى أنا، فأنا تغيرت وأصبح الاختيار

أصعب ففرصة حياة أفضل للأبناء في الخارج أفضل كثيرًا وكل من يقابلنا في الوطن حتى في الشارع يستطيع أن يتعرف بسهولة أننا نعيش بالخارج من اتباع أبسط القواعد والعلامات والحفاظ على النظافة وببساطة يسأل لماذا عدتم أو يقول حاولوا الرجوع للخارج سريعًا قبل فوات الأوان والندم وقت لا ينفع فيه الندم، لكن الغربة موحشة ومؤلمة والوحدة حارقة.

أما عن مكان النجاح هذه النقطة حقًا مؤلمة لنفسي بعمق، نعم ربما قدمت أثناء الحياة بالخارج ما يفيد العلم والناس وربما ذكرني الناس هنا مما أقدمه وبالتأكيد بالتبعية أهلي ووطني فمثلاً زويل أو الباز لو كانوا ظلوا بمصر ما كانوا قدموا أي شيء وربما كانوا انتهوا في مصحة للأمراض العقلية.

وكثيرًا ما أسأل وأقلق على ابنتي وأتساءل عن ماذا ستكون جنسيتها ووطنها فهي تحمل جنسية أخرى وولدت بمكان آخر وقضت طفولتها ببلد آخر فماذا ستختار بالمنطق أقول أكيد ستختار أمريكا ولكن الغريب حقًا أنها لا تسعد إلا بمصر ولا تتجاوب مع الناس إلا بمصر ولا تشعر بأمان سوى هناك، فهي هناك تنام وتأكل وتضحك وتتعلم وتستجيب وتتكلم وحين نسافر مرة أخرى لأمريكا تكتئب وتظل تنادي على جداتها وهذا يعصرني ألمًا وحزنًا.

حقًا غربة النفس داخل جسدها ومنزلها ووطنها ووسط أهلها هي أصعب أنواع الغربة التي يدمي لها القلب ويتشتت العقل.

فالإنسان بمصر مقهور على مواهبه ومستقبل أبناءه وخارج مصر قلقًا في كل لحظة فمهما كان هو غريبًا مغتربًا.

أحمد الله على الأقدار فلنسير حيث يوجهنا القدر ونعهد أن نقدم أفضل ما لدينا في أي مكان ونحسن ونطور فكلها أرض الله وهو

خلقنا لنعمرها ستنغلق كل الأبواب إلا ممر واحد علينا أن نسير به (مثلما حدث سالفًا وسرنا للغربة) لسبب لا يعلمه إلا الله ولكنه بالتأكيد به الخير لنا وإلا ما كتبه الله لنا ونحمد الله على الإيمان فلا نعبأ بمستقبل الأبناء أو الغيب فالله قدر لهم حياتهم وقدر لنا رزقنا ونحمد الله أنه لا يكلفنا ما لا تسع به نفوسنا ونحمد الله أنه كتب على نفسه الرحمة وأنه هو الله.

حاجات في مصر أحسن من أمريكا

نعم أنا اشتقت لمصر وحين أنزلها الآن بدأت أرى ما لم أكن أراه قديمًا وأيضًا أحب دائمًا أن أنظر للنصف الممتلئ من الكوب.

وهنا لن أتحدث عن التاريخ ولا عن الأماكن السياحية المختلفة ولا عن الناس بل سأقوم بمقارنة ملموسة بين بعض البضائع والخدمات إما أنها ليست أساسًا لها وجود بأمريكا أو أنها بمصر أحسن.

وسامحوني لو وجدتموني أتحدث عن الأكل كثيرًا فنحن لا نأكل هنا خارج المنزل سوى أسماك فنشتاق كثيرًا لأكل مصر ذو المذاق الخاص.

١- أرز:

أرز مصر حقًا أحلى وأطعم ويستوي أسرع .

٢- الأطباء:

نعم هذه حقيقة بالدليل القاطع الأطباء العرب أفضل وأشطر وأكثر طيبة وأكثر علم. فهنا هناك أجهزة أفضل وأسرع وأكثر دقة ولكني أجد الكثير من الأطباء يقف مشدوهًا أمام نتائج التحاليل ولا يعرف كيف يشخص الحالة ولا يعرف أن يحدد المشكلة.

ولذلك فنحن في أغلب الأحيان ننتظر الأجازة بمصر لنذهب لأي طبيب نريد فبعضهم بارع في أن يكتشف المرض ويصف العلاج

فقط من التشخيص المبدئي ويضع المشكلة في حجمها الصحيح أما هنا فدائمًا يضخمون كل شيء.

٣- الطوارئ بالمستشفيات

حقًا لقد علمت أن هذه نعمة في مصر حين كسرت ذراع ابنتي ذهبنا للطوارئ حوالي التاسعة أو العاشرة مساءًا وخرجنا بعد وضع جبس مؤقت الساعة الثالثة فجرًا ولولا رحمة ربي أن ابنتي نامت حتى ميعاد الأشعة لكنت أنا انتقلت لحجرة الانهيار العصبي.

٤- مساحيق الغسيل:

صحيح الألوان في مصر تختفي .. ولكن البقع أيضًا.

٥- كلاريتين وأدوية الحساسية:

أنا حقًا لا أعرف لماذا جسمي لا يتأثر بتاتًا بأدوية الحساسية الموجودة هنا الظاهر أنه من التعود.

فلذلك دائمًا أحضر معي هذه الأدوية من مصر.

٦- معجون الأسنان:

هنا على اختلاف أنواعها لا تبيض الأسنان مثل معاجين مصر.

٧- الحمام :

(للأسف أنا لا أعرف كيف أطبخ حمام) وحتى لو أعرف أنا لا
أجده وإن وجدته لن يكون حلالاً.

٨- الخبز والمخبوزات والعيش السن للرجيم.

٩- المانجو:

آه المانجو هنا طعمه به مرارة لاذعة وملمسه أقرب للبلاستيك
منه إلى فاكهة.

١٠- الخيار:

نفس الموضوع بلاستيك ومرارة.

١١- الجبن الرومي.

١٢- اللانشون.

١٣- عصائر جهينة المانجو والجوافة:

هنا عادة إن وجدت هذه العصائر تكون قادمة من حيفا.

١٤- كريم جليسوليد:

نتيجة لجفاف الجو الرهيب هنا جربت عشرات أنواع الكريم ولم أجد أسرع أو أفضل من الجليسوليد سواء لي أو لابنتي ولكني أعتقد أني لا أصلح كثيرًا في هذه المقارنة لأني عندي حساسية من أغلب الكيماويات المستخدمة.

١٥- الحلويات الشرقية:

نعم نجد الشامية منها ولكن حلوياتنا نحن تختلف من حيث الشكل والمذاق. بتوحشني البسبوسة والكنافة المصري ليس النابلسي وما إلى ذلك. بالتأكيد يمكنكم جميعًا الإضافة لما تجدوه بمصر ولا يوجد في بلاد الغربة. ولا داعي لذكر العكس بالتأكيد هنا يوجد أشياء أكثر وأهم وأفضل والحمد لله أنه أتاح لنا خبرة ومعرفة البلاد المختلفة فكلها أرض الله ولن نعيش على الأرض بجملتها للأبد والحمد لله فهي أيام بجميع الأحوال لعل الله يغفر لنا.

١٦- عصير القصب:

وأنا فقط كنت أريد من هذا المقال الرمز إلى أننا يجب أن ننظر إلى الجزء الممتلىء فقط من الكوب، حتى لو كان رشفات، فربما كانت هذه الرشفات هي أحلى وأعز وأطعم بالنسبة لبعضنا من زجاجة ممتلئة.

التغيير يادكتور

دخلت سيدة في منتصف الثلاثينات من عمرها إلى الطبيب النفساني وليس على لسانها غير هذه الكلمة
"التغيير يادكتور، هل أنا حقًا تغيرت؟ ."

فهدأها الطبيب وأجلسها على الشيزلونج وقال لها: "احكِ لي حتى أستطيع أن أقول لك إن كنت تغيرتِ أم لا؟."

فقالت: "وأنا أشتري بعض الملابس للأولاد، رأيت سيدة صارخة ترتدي فستان أحمر عاري وحذاء بكعب عالي جدًا أحمر أيضًا وكل ما بها أحمر في أحمر."

فنظرت لها في قرف وقلت لنفسي بسخرية: "ليتها تتمنى أن تكون ذات الرداء الأحمر"، فإذا بهذه السيدة تتجه نحوي بسرعة وفاها مفتوح على مصراعيه وصرخت في وجهي: "لا أنا لا أصدق، معقولة أبعد كل هذه السنين"، وكل الناس ينظرون إليّ فأجبتها كأني أبعد عن نفسي تهمة: "لا أكيد حضرتك مخطئة، مطلقًا، أنا لا أعرفك"، فأجابت: "ماذا!؟ أنا داليدا، لقد كنا معًا في المدرسة."

فذهلت وقلت: "لا أنت تغيرتِ تمامًا أنا لم أعرفك."

فنظرت إليّ وهي تمط شفتيها: "وأنتِ أيضًا لقد تغيرتِ كثيرًا، مالك؟ لماذا شكلِك عجز هكذا، إنما أنا! أنظري كيف أصبحت" ودارت حول نفسها في زهو والناس ما زالت تنظر إلينا وتتفرج على عروسة المولد تلك .

وفجأة رن جهاز تضعه في وسطها وظهرت عليه رسالة تقول "تعالي فورًا"، فقالت: "ياه، كدت أنسى هذا الاجتماع، لابد أن أطير الآن أحسن زوجي الجديد لا يرحم في الشغل، وهو يعتمد

45

عليّ في أغلب الأشياء واليوم هناك اتفاق مع عميل مهم جدًا ويجب أن أذهب"، وأعطتني كارت العمل الخاص بها وقالت: "كلميني" وسألتني: "أين تعملين الآن؟."

فأجبت في بلاهة: "أنا لا أعمل، أنا سيدة منزل."

فصعقت وبعد أن كانت همت بالسير وقفت وبحلقت فيّ وقالت: "ألم أقل لكِ لقد تغيرتِ تمامًا."

وأكملتْ سيرها فوجدت نفسي أقول: "كلا لم يتغير أحدٌ منا" وظللت أسير وأنا أفكر في داليدا وأقول: "ما زالت تافهة وسطحية وتحكم على كل شيء بمظهره ولذلك دائمًا أحكامها سريعة وخاطئة ودائمًا كان ذلك يوقعها في مصائب"، وتذكرت كلمتها: "زوجي الجديد"،" أكيد هذا هو السبب في فشل زواجها الأول، أكيد اختارت واحد منظر فقط عذبها ثم تركها"، ونظرت دون قصد لكارتها فإذا به مكتوب أنها رئيسة مجلس إدارة مجموعة شركات كبرى،" ياه مستحيل، هذه تدير مجموعة"، أنا أتذكر الآن صاحب المجموعة، قد رأيته في برنامج حواري مرة، أكيد طبعًا هو الذي يدير كل شيء وهي قالت لي ذلك منظرة، ولكن لا صحيح هي تافهة وسطحية ولكنها كانت طالما صادقة، وأنا أعرف أن الإنسان ممكن أن يتغير طبعًا، ممكن بعدما كان شيخ مسجد يصبح شيخ منصر والعكس، ولكن لا أحد يتغير من غبي لذكي، مستحيل، هذه كانت بليدة أيام المدرسة وبالتحديد في الرياضيات والعلوم، إذن كيف تصبح هكذا، آه أكيد هذا الرجل يستغلها في عقوده واتفاقاته ويضحك عليها بكلمتين."

وأكملتُ طريقي وأوقفني فستان جميل وراءه مرآة ديكور بالحجم الطبيعي، فقلت" ياه هؤلاء أصحاب هذا المحل حقًا أذكياء بوضع هذه المرآة فهي تجعلني أرى نفسي وأنا مرتدية هذا الفستان، أوه

إنه حقًا جميل عليّ ولكن لا أنا لا أستطيع ارتداء هذا الآن لقد كنت أرتدي مثل ذلك قديمًا، وكنت سأستمر بالسير إلا أن هذه الكلمات جعلتني أتوقف، إذن أنا تغيرت مثلما قالت صديقتي، أنا تغيرت، كلا أنا لم أتغير، كلا أنا تغيرت، هو أنا اتغيرت يادكتور؟."

فيرد الدكتور: "استمري فقط احكي لي ماذا فعلتِ بعد ذلك؟."

فقالت: هرعت إلى المنزل جريًا، فقد أحسست فجأة كأني عارية تمامًا وأن كل الناس تتفرج عليّ والبعض يضحك والآخر يحملق وآخرون يمطون شفاههم في قرف وآخرون ينظرون لي بشفقة" وحملقت عيناها كأنها تذكرت شيئًا واستطردت قائلة: "تمامًا مثل هذا الحلم، هذا الحلم الذي تجد نفسك فيه عاريًا تمامًا أمام الناس ولا تجد حوائط تسترك من زحام الناس وتحميك من عيونهم، فوجدت نفسي أجري، أجري لأنجو من عيون الناس، شعرت ساعتها أن كل الناس تستطيع قراءة أفكاري وأنها كانت تراقبني وأنا أنظر لنفسي في المرآة وتراني وأنا مرتدية الفستان وتعرف ماضيّ وتعرف حاضري وتعرف تلك الأحلام وتستطيع أن تراها، وتعرف صديقتي وتعرف عائلتي وتعرف كل شيء"، وتوقفت وقطبت حاجبيها وسألت: "ما معنى هذه الأحلام، ما معنى السقوط من أعلى كأنك تنتحر وترى كل من بحياتك ينظر إليك وأنت تهبط ولا أحد يحاول إنقاذك وتستيقظ قبل الارتطام بالأرض في اللحظة الأخيرة."

فيجيب الدكتور: "سأقول لكِ معاني كل ذلك إستدلالاً بأشياء من حياتِك إذن يجب أن أعرفك وأعرف حياتك حتى تكون إجابتي صحيحة ذات معنى، إذن فلتكملي أنتِ الآن ودعيني أنا أجيبك في النهاية."

وصمتت فقال: "هه ماذا فعلت بعد ذلك؟ إلى أين ذهبت؟."

فأجابت: "ذهبت إلى المنزل وأغلقت الأبواب ودخلت حجرة نومي وأغلقت الباب ورائي وأحكمت إغلاقه بالمفتاح حتى لا يدخل أحد، فأنا كنت في حاجة إلى خلوة وعزلة ووجدتني كنت أمسك وأطبق بيدي على ملابسي وحجابي وذلك كان رد فعل طبيعي لشعوري بالعري أمام الناس، ونظرت مرة أخرى بعد أن ارتاحت يداي، إلى مرآتي ووقعت عيناي على صورة زفافي التي فوق مرآة التسريحة، إنها هناك تقبع في ذلك المكان منذ زواجي وتقع عيني عليها كل يوم بمجرد أن أفتح عيناي ولكني في هذه اللحظة كنت أراها كأني أراها لأول مرة وظلت عيناي تقارن بين هذه الفتاة التي في الصورة وبين انعكاسي الذي في المرآة شعرت أني لا أعرفني، من أنا، من أكون، أين ومتى ضعت من نفسي، أجل لقد تغيرت ولكني لم أدرك ذلك قبلاً فأنا لستُ أنا التي أردتها لنفسي أو تخيلتها حين كنت في مثل هذه السن الصغيرة، وهرعت إلى دولابي لأفتح صندوق ذكرياتي وأسراري والذي خبأته من أبي وأخذته خفيةً حين تزوجت."

فاستوقفها الدكتور: "لا تؤاخذيني عندي سؤال، ماذا كنت تفعلين حين تستيقظين من تلك الأحلام؟."

فأجابت: "كنت أقوم أجوب المنزل وأتفقد العائلة كلها لأتأكد أني في المنزل وأني ما زلت على قيد الحياة وأني وحدي لا يوجد ناس هناك يحيطون بي ويتفرجون عليّ وكان والدي يستيقظ فهو تقريبًا لا ينام وبالرغم من سخريتي الدائمة لذلك، إلا أني في تلك الليالي كنت أشعر بالسعادة أنه مستيقظ، فكانت من المرات القليلة التي يحنو عليّ بها ويأخذني في حضنه ويربت على شعري ويسألني: "أهي تلك الأحلام يابنيتي، ألم أقل لك مئات المرات أن

48

تقرأي الفاتحة، الإخلاص، التين، الليل، أوائل سورة الحشر، آية الكرسي، وتسبحي حتى تنامي، آه كدت أنسى وأواخر الكهف لتستيقظي ساعة إجابة الدعاء لتصلي ركعتَيْ القيام فحينها أنت تستيقظين لملاقاة الله فتكوني قد نمتِ في حماية الله من الشياطين واستيقظتِ لمناجاته فتنعمي دائمًا بنوم قرير العين وهادئ النفس."

فتعجب الطبيب: "ومم كنت تسخرين؟."

فقالت: "إنه كان يخاف اللصوص ويظل طوال الليل مستيقظًا ينتظرهم ويترقب دخولهم المنزل، فكنت أسخر من ذلك لأنه لو حدث ذلك فعلاً لكان اختبأ وغطّ في نوم عميق من الخوف فالأولى أن يريح نفسه وينام لكان ذلك أكثر فائدة."

فغمغم الطبيب وطلب منها أن تستطرد بسؤال عن صندوق ذكرياتها، ولماذا تخبئه، فقالت: "أنت تعلم يادكتور أن لكل امرأة أسرارها التي تحتفظ بها لنفسها بعيدة عن العالم فبعض النساء تكون أسرارها بعض الصور أو وريقات صغيرة بها خواطر أو جوابات من حبيب قديم أو صندوق مجوهرات أو ملابس أو حتى علب ماكياج أو حتى أحذية، فهي أشياء فقط رموز تحمل في طياتها كنز من الذكريات، هذه الأشياء تذكر المرأة بما تحب أن تتذكر، وعادة تلجأ لهذا الكنز حين تكون سعيدة جدًا أو حزينة جدًا أو ضعيفة جدًا يعني حين تكون غير متزنة وتبحث عن شيء يدعمها غير البشر وغير الكلام والفضفضة، فهو يعبر عنها وعن نفسها وعما تحب، تلجأ له حين تجد مشاعرها صعب السيطرة عليها فتلجأ له لتستعيد نفسها، وأحيانًا تكون بعض النساء الأذكياء لهنّ شخصيات عدة لتعيش وتتكيف مع الظروف الصعبة ولكنها تحتفظ بنفسها الحقيقية حبيسة هذا الصندوق."

فسألها الدكتور: "وماذا يوجد في كنز أسرارك؟."

فأجابت: "ألبوم صور وبعض وريقات بها بعض الخواطر والأحلام وأحاديث للنفس فأنا كنت أحيانًا أخجل من بعض المشاعر والأحاسيس ولا أستطيع مصارحة أحد بها وكانت تلك المشاعر أحيانًا قوية جدًا تصعب على نفسي تحمّلها ولا تطيق كتمانها فكنت أكتبها لأرتاح وأنفس عن نفسي، ففتحت ألبوم الصور، به صور كثيرة لي منذ أن ولدت وبكل مرحلة دراسية وهذه لي ولأعز صديقاتي بالمدرسة الابتدائية وهذه لي ولأخوتي على الشاطئ وهكذا إلى أن وصلت لصورتي مع بعض أصدقاء الجامعة"، وهنا توقفت وسرحت عند هذا الإنسان، "ياه لقد كنت أحبه، أحبه جدًا جدًا وهو أيضًا كان يحبني" وسكتت وسرحت،

فأفاقها الدكتور: "ولمَ لمْ تتزوجا؟."

فأجابت بابتسامة ساخرة واهنة: "التغيير يادكتور، لقد تغير، لقد تعرفت عليه وأنا بالسنة الثانية بصيدلة القاهرة، وهو كان يسبقني بعام، تعرف عليّ حين وجدني اشتري كل الورود دفاعًا عن ولد صغير كان يضربه رجل كبير لأنه لم يبع ولا وردة ويتهمه بالكسل، فوضعت يدي في شنطتي وأعطيت الرجل كل المال الذي كان بها ثم أخذت منه عدة ورقات وأعطيتها للولد وأمرته أن يجري ويشتري بهم ما يشاء، وأنا أنظر للورد بعدما ذهب الرجل وهو يرمقني بنظرة فيها استخفاف واستهتار إذا بي أرى أقدام تظهر تحت الورود وحين رفعت عيناي كان هو فتى أحلام الجامعة كلها، سمعت عنه من أول يوم التحقت فيه بالجامعة حتى أن واحدة كانت معي بالسكشن قالت: "نفسي يحبني ولو ليوم واحد وبعدها أموت" وهي تتنهد وأنا حينها قلت "عبط بنات صحيح"، وظللت أحملق به هكذا دون أن أنبس بكلمة فقال لي: "ماذا فعل هذا الرجل بك؟هل سرقك؟ أو لمسك؟"، قلت لنفسي حينها: "يا خبر أبيض، إنت جئت لتنقذني" فهو وسيم وسامة نجوم السينما

وكان فارسًا بحق وليس مجازًا فهو كان في منتخب مصر للفروسية، أنيق، غاية في الأدب لا ينطق سوى بكلمات مهذبة، وكنت أراه يذهب للصلاة بالمسجد جماعة وأنا متجهة لهناك للصلاة أيضًا فأعجبت بذلك حقًا، وكنت قد سمعت قصة عنه قد أبهرتني، حين قالت صديقة لي أنه كان سيسبب لنفسه مشكلة في جوازات إحدى الدول التي سافر بها ليمثل مصر في مسابقتها وحاولت موظفة الجوازات تفتيش المصحف فرفض أن تلمسه وقلب صفحاته لها وقال لها أنها لا يجب أن تمسه، وقد أبهرني شجاعته، وأدبه ووسامته وذكاؤه، فهو كان معروف أنه من المتفوقين بالكلية بالرغم من تفوقه بالرياضة، وكان أهم من كل ذلك متدين حقًا لم يكن به غلطة وهذا الفارس المغوار قادم الآن شاهر سيفه ليدافع عني، وأصر أن يعلم ما حدث فحكيت له .

وكان في كل يوم يصر على أن يعزمني على الغداء ولكني كنت أصر على دفع حسابي.. فأنا حكيت لوالدي، و(كلمتين يفوتوا).

ومنذ ذلك الحين أصبحنا صديقين وكل من حولي يحسدني."

وصمتت واغرورقت عيناها بالدموع فسألها الطبيب عما حدث، فقالت وقد عادت تلك الابتسامة الساخرة مرة أخرى لوجهها: "لقد تغير، حين عدنا في العام التالي وجدته أصبح إنسانًا آخر تمامًا، يلبس سلسلة حول عنقه، لا يذهب للمسجد، فاتح أزرار قميصه، ويسير دائمًا بمرافقة فتاة بعيون ملونة لا تفارقه وأصبح يتلفظ بألفاظ نابية جدًا يقشعر منها جسمي، وبين كل كلمة وكلمة سبة وشتمة، دائم السخرية والضحك على كل الناس، تبدل تمامًا أحيانًا كان يتعمد تجاهلي فيسلم على كل الواقفين ولا حتى ينظر إليّ، فأنسحب بهدوء وأظل أبكي بحرقة طوال الليل ومع الوقت مات حبه بداخلي، فلم يعد وجود لهذا الفارس الذي أحببته، لقد وصل به الأمر أنه سخر مني مرة وجعل الجميع يضحكون عليّ ثم

51

اعتذر في استهتار متحججًا: "إن القافية تحكم"، ثم نظرت إلى صورتي مع عائلتي، هذا هو والدي ووالدتي الطيبة وهذا أخي المرح محطم قلوب الفتيات، فهو وسيم رشيق قوي البنيان، خفيف الظل جدًا، وحديثه شيق وجذاب فكانت تقع كل من تراه في حبه، وهذه هي أختي العايقة كما كانت تسميها أمي، فهي قمة قي الأناقة والرشاقة، كانت تصلح أن تكون موديل، وهذا هو أخي العبقري، كان يحلم أن يكمل دراسته وهذه أنا وأنا لمضة العائلة كما كان يسميني أبي، فكنت بارعة في الحديث وكنت أحلم أن أكون مراسلة صحفية، أجوب العالم وأكون بقلب الأحداث وأنقل أحداث العالم وأدافع عن المظلوم بقلمي وغططت في نوم عميق وأنا أسرح في هذه الذكريات والأحلام ونمت وحلمت بأن كل ذلك قد تحقق وأني تزوجت ذلك الفارس وأننا قد اجتمعنا في قاعة مع والدي للاحتفال بأخي لتسلمه جائزة الدولة التقديرية لاختراعاته وأبحاثه وجميعنا سعداء حققنا ما كنا نحلم .

وإذا بي أفيق على خبط على الباب بشدة فأبنائي يحاولون إيقاظي لأن إخوتي كلهم مجتمعون عندي للغداء وينتظروني بالخارج مع زوجي فوضعت أوراقي وألبومي بمكانه وخرجت وأنا نصف نائمة لا أستطيع التفريق بين الحلم والواقع وحين نظرت إليهم لم أتمالك نفسي فصرخت في وجوههم وجريت إلى الشارع فأنا كنت ما زلت بملابسي واختبأت حتى لا يجدوني ثم وجدت نفسي كأني سأنفجر فوجدت اسمك على العيادة فهرعت إليك لعلي أجد عندك الدواء والراحة وإجابة تلك الأسئلة."

فسألها الدكتور: "لماذا صرختِ حين رأيتهم؟."

قالت: "لقد ظننت أني في كابوس فأنا كنت لا أزال نائمة ولم أفيق بعد، ووجدتني أفيق على واقع أليم، فزوجي ليس ذلك الفارس،

ولا أخي عبقريًا بل موظف أرشيف وليست أختي تلك الرشيقة الأنيقة بل أصبحت كالفيل، وليس أخي مرحًا قويًا بل كئيب حزين هزيل.

لا يخالف رأيًا لزوجته القبيحة المستبدة، وأنا سيدة منزل أسافر فقط من الصالون للسفرة نادرة الحديث، لا أكتب، ولا أتكلم"، ثم تسكت ثم تقول بصوت عال: "فهل أكون بذلك قد تغيرت، كل ما هناك أني حافظت على أولوياتي ولم أدعها تتغير وبسبب ذلك تغير كل شيء من حولي، فأولوياتي: أولادي وعائلتي ثم عملي ثم نفسي فحين كنت أحلم لم أكن أقدر إمكانياتي ولم أكن حقًا أعلم حجم مسؤولياتي."

ثم جلست ووضعت يديها على رأسها وقالت: "نعم لقد تغيرت، وكل الناس تغيروا، لماذا التغيير؟ لماذا لا يبقى الأبيض أبيض والأسود أسود، فنعرف الطيب من الشرير، والآن أنا لا أدري هل تغيرت للأفضل أم للأسوأ ومتى يجب أن يقف الإنسان ليحاسب نفسه وكيف فالله يحاسبنا على الوقت والشباب والصحة فإذا قابلته يوم العرض أكون قد أخفقت الاختيار، لقد علمني الله الكثير من العلوم الدنيوية وحاولت أن أعلمها لأبنائي ولكنهم لم يكونوا مهتمين فما ذنبي؟ وإن كان الإنسان عليه أن يختار شيء واحد فقط بحياته فماذا يكون؟

أعلم أن كل إنسان خلق ليحدث تغيير وربما كان هو وسيلة فقط لإحداث هذا التغيير، فهل أنا الوسيلة أم الهدف وباختياري لإرجائه لابنائي فيه جبن وكسل."

ثم نظرت إلى دبلتها وأصبحت تلفها بأصابع يديها اليمني بعصبية وقالت: "لقد بعت كل شيء من أجل الاحتفاظ بها، فهل هي حقًا تستحق كل ما عانيت وتركت لأجلها؟."

ثم أمسكت برأسها وقالت: "أشعر أن رأسي سينفجر من كل تلك الأسئلة ومن تأنيب الضمير."!!

فقال الدكتور: "نكتفي بذلك اليوم ودعيني أجيبك على بعض أسئلتك وسأبدأ أولاً بسرد بعض النظريات ثم سنتحدث عنكِ تحديدًا، فسؤالك الأساسي: هل تغيرت أم لا؟ فمن وجهة نظر العلم النفسي السلوكي، لا لم تتغيرين، فهناك فرق بين Attitude و Behavior..

Attitude يُعرف بأنه الأحكام التي يقوم بها الإنسان وهي تُبنى على المعتقدات والأفكار الداخلية ووجهة نظر الإنسان تجاه الناس المحيطة أو الأماكن أو الأحداث أو الأشياء أما السلوك فهو يعبر عن السلوك الخارجي الذي يقوم به المرء والسلوك يختلف على حسب المعتقدات والمبادئ والحالة المزاجية للمرء ويتأثر بعوامل كثيرة مختلفة وأنتِ كما قلتِ فأولوياتك لم تتغير وقد حافظت عليها على مر السنين ولو عاد بك الزمن لكنت قمت بنفس الاختيارات والقرارات ولم تندمي عليها رغم علمك بنهاية هذه القرارت .

أما عن الأحلام، فتلك أحلام مشهورة يحلم بها أغلب الناس عامة ولكن الأشخاص والرموز التي بالحلم هي التي تعكس خصوصية الحلم وانعكاس واقع كل منا على حدة وهذه هي التفسيرات العامة لتلك الأحلام المشهورة :

السقوط: يدل على عدم الاتزان العاطفي والتحكم الذاتي ويدل على الخوف من السقوط والرسوب في الحياة الحقيقية ويمثل عدم الأمان وانعدام الثقة بالنفس وهو نفس تفسير حلم الغرق وأنت

تحلمين بذلك لعدم الشعور بدعم الذين يحيطون بك وربما في حالتك يعكس شعورك بالسقوط عند تنازلك عن أحلامك والرضوخ للظروف .

العري: وهو يدل على مشاعر الذنب أو الدونية لأنه يعبر عن احتقار الذات إذا ما انكشفت النفس الحقيقية وربما دل كذلك على أنك أظهرت من نفسك أكثر مما يجب.. أفشيت سرًا لك مثلا وربما تشعرين بالدونية عند مواجهة نفسك أو الآخرين باستسلامك لأسباب هذا التغير مهما كانت وضياع مقاومتك للدنيا وإعلانك الانهزام أمامها وتخليكِ عن روحك، وطموحاتك، فطموحات الإنسان هي الشعلة التي يسير على هديها والنور الذي يضيء حياته وعند تحقيق هذه الطموحات تشعرين بالسعادة والرضا كجائزة لك على عندك ومقاومتك ومجهودك. ولكن يجب أن تعلمي أن الطموحات ليست في الحياة العملية فحسب بل الأهم أن تكون الأسرية، وهناك خطأ يقع فيه أغلب الآباء وهو أنهم يحددون للأبناء ماذا سيصبحون ولكن الأهم أن يحددوا للأبناء ماذا سيكونون ويتركوا للأولاد اختيار ما يشاؤون .

أما عن حلم الموت: فهو يدل على عدم الرضا عن الذات تمني ميلاد شخص جديد لذاتك، فحينها يجب أن تبحث عما يشعرك بالقيود وتتحرري من نفسك القديمة .

أما عن حلم الاختبار: كأنه فاتك أو لم تكوني معدة له فكل ذلك يدل على أنك تشعرين أن هناك من يقيّمك ويختبرك في الحياة العملية وأنت تشعرين أنك لست معدة لذلك أو أنك تلعبين دورًا خاطئًا في الحياة .

ولكني لا أريدك أن تقلقي، فأنا لي ملحوظة عامة ربما كنت مخطئًا بها، فأنا أرى أنكِ لم تذكري قط وجود أي أصدقاء مقربين

لك تبثي لهم حزنك وقلقك وتحكي لهم عن مشاكلك وهمومك وأعتقد أن هذا يعتبر مصدرًا كبيرًا لهذا القلق الذي تعيشينه، فأنت بمجرد أن حدثتك صديقة قديمة ووضعتك عين التقييم انهرت تمامًا، أنت تعزلين نفسك عن الناس كأنك قمت بجريمة لتركك أحلامك والتنازل عن حياتك العملية لحياتك الأسرية، إذا كنت غير راضية عن واقعك فلتغيرينه مهما كلفك الأمر، نحن من نصنع السعادة لأنفسنا لا أحد غيرنا فإن كنت تعيسة بزواجك فلتتحرري منه ولكن يجب أن تفكري جيدًا في عواقب الأمور وكيف ستدور، يجب أن تحددي ما يسعدك ويشعرك بالرضا بل بالفخر بذاتك وبمن حولك وأنا لا أعتقد بالمرة أنك ستسعدين بالتنازل عن كل ما فعلت وعن حياتك الأسرية التي ضحيت بكل أحلامك الشخصية من أجلها وأن تعيشي مطلقة فبذلك تكونين قد خسرت كل شيء الماضي والحاضر، بل من الأفضل أن تحاولي أن تحددي ما يزعجك بزوجك وأولادك وحاولي أن تعالجيه وتغيريه فالتغيير هنا للأفضل .

واعلمي أن لكل إنسان دور في الحياة يهيئه الله له ويعلمه طوال حياته ليكون قادرًا على القيام بهذا الدور وكل إنسان يجب أن يبذل قصارى جهده في التعلم وأفضل ما عنده في دوره الذي يقوم به ويتقنه فهذا مما يحاسبنا الله عليه أيضًا .

واعلمي أيضًا أن دوام الحال من المحال وذلك من رحمة الله بنا، ونحن فقط من يقرر إن كان التغيير للأفضل أم للأسوأ والله سيحاسب كل إنسان على جسده فيما أبلاه وشبابه فيما أفناه وعما اكتسبه فيما أكله وفيما أنفقه، إذا لابد من الوقوف والتغيير مهما كان ثمنه."

فسألت: "وما عاد هناك مكان أو وقت للتغيير أو التفكير في مستقبل، المستقبل قد فات ولن يؤيدني أحد على أي تغيير فالكل أصبح متكيف ومتعايش ويشعر بالرضا ولا أحد غيري يشعر بضيق، فأنا الوحيدة التي يقع عليها الضرر من التنازلات ولو هممت بتغيير أي شيء في حياتي فربما سيتهمني البقية بالأنانية وعامة فما جدوى ذلك الآن وأنا قد قارب عمري على الأربعين؟."

فرد الدكتور: "ستتحسرين على ما لم تفعليه الآن حين تصبحين في الخمسين وستندمين على هذا التخاذل أكثر حين تكونين في السبعين، لقد قال الرسول صلى الله عليه وسلم: "اعمل لدنياك كأنك تعيش دهرًا واعمل لآخرتك كأنك تموت غدًا."

ووجدها الطبيب قد أنهكت تمامًا فقال: "يكفي الكلام الآن أنت في حاجة للراحة فلتذهبي للمنزل الآن ولنا لقاء آخر لتحكي لي عن سر التغيير الذي سبب فقدان الروح والأحلام، والأسباب التي جعلتك أنت وإخوتك لما انتهيتم إليه الآن وحتى هذا الحبيب القديم كيف تغير من النقيض للنقيض، فكل شيء له سبب وحين نعرف الأسباب نستوعب العواقب."

---

1. http: //www. divinecaroline. com/22201/53010-seven-common-dreams-mean

2. http: //listverse. com/2008/10/07/top-10-common-dreams-and-their-meanings/

3. http: //www. dreamsleep. net/commondreams/index. html

4. http: //en. wikipedia. org/wiki/Attitude_(psychology)

الأخـــتان

ظلت تراقب قطرات المطر من وراء الزجاج وهي تصطدم به ثم تسيل عليه في خط بتعرجات صغيرة إلى أن تختفي القطرة، ثم رفعت عينيها إلى سطح أحد بيوت الجيران فوجدت حمامة ذات لون بني غامق وتبدو كأنها حمامةٌ ذكرًا، يجري وراء حمامة بيضاء شاهقة البياض كالتي تُرْسَمُ رمزًا للسلام، ويحاول أن يغطيها بجناحه ولكنها تأبى وتجري وتطير مسافات قصيرة للمطر بعيدًا عنه، وهو لا ييأس ويلاحقها.. فنظرت وتعجبت وقالت للحمامة البيضاء: "لتظلي بجانبه، كيف تهربي ممن يحبك؟ فالواحد لا يجد من يحبه الآن!!". ثم نظرت إلى الشجرة المجاورة فوجدت عصفوران يفتحان جناحيهما على مصراعيهما، فظننت أنهما يتعانقان ولكنها وجدتهما يحميان بعض البيض الذي يفقس من المطر. ونظرت إلى الشارع فوجدت سيدة شكلها غير مألوف تدخل المنزل المقابل وتحمل شيء تُخَبِّئُه، فراقبتها فوجدتها تجلس في مدخل العمارة وتزيل حجابها وسترتها عما كانت تُخَبِّئُه، فإذا به طفل رضيع نائم ظلت تهدهده حتى لا يستيقظ، ولكنه استيقظ بعد أن جلست بقليل، فرأيت تعبيرات الضيق على وجه الأم، ولكنه ابتسم فابتسمت وقَبَّلَتْهُ ثم حملته وغطته ثانية بحجابها وسترتها، وقامت لتكمل هرولتها تحت المطر، فتذكرت الآية من سورة الأنعام: "وَمَا مِنْ دَابَّةٍ فِي الأَرْضِ وَلا طَائِرٍ يَطِيْرُ بِجَنَاحَيْهِ إِلا أُمَمٌ أَمْثَالُكُمْ ."

فنظرت للسحب وقالت: "يا ترى ماذا تتمنين هذه المرة؟ كل مرة تمطر تتمنين أمنية وتدعين بها فتستجاب، فالدعوة وقت المطر مستجابة"، ثم سَرَحَتْ في زوجها وقالت: "الحب.. يا ربِّ أتمنى أن يحبني"!!

انحسر نظرها مرة أخرى إلى قطرة مطر تراقبها وهي تذكر حديثها مع زوجها ليلة سفره المعتاد حين سألته: "أتحبني؟"، فأجاب وهو يراجع حقيبة سفره المعتادة بسخرية: "الحب ده لا يفكر فيه سوى المُرَفَّهِينَ أمثالك ياحبيبتي، أما من هم مثلي يِسِفّ التراب في الغربة فلا يفكر هكذا."

فقالت لنفسها بسخرية: "ما قيمة "حبيبتي" التي قلتَها إذن؟ لقد أُفْرِغَتْ من معناها."!!!!

ثم عادت لتشرد بعينيها ثانية وسرحت مرة أخرى في هذا الرجل الذي ينزل من الأوتوبيس الأحمر المزدحم، ويحمل طفلاً صغيرًا بلبس المدرسة البني، ويحمل مع الطفل حقيبة على ظهره وحقيبتين أُخْرَتين على كل ذراع، ويجري ويتلفت وراءه كل عدة دقائق، فوجدت وراءه طفلين آخرين كبيرين يجريان وراءه تحت المطر .

فقاطعت أمها تأملاتها وهي تدخل حاملة كوبًا من الشاي قائلة :

-اشربي يابنيتي، أكيد تشعرين بالبرد بعد مجيئك تحت هذا المطر.

فشكرت أمها وجلست بجانبها، فإذا بأمها تسرح وتتنهد، فتسألها:

-ماذا بك ياأمي؟ ماذا يضايقك؟

-أختك، أختك ستجعلني أجن!!!!!

-لماذا؟ ماذا فعلت؟

-تريد ترك عريسها الذي خطبت لتوها له!!

فتجيب في جزع وحيرة: "لماذا؟ ألا تعرف أن أحدًا لا يتزوج هذه الأيام؟." !!

فيسمعون الباب يُغْلَقُ وتدخل أختها مبللة، فتقول الأم :

-هاهي قد حضرت فلتسأليها، أنا لم يعد لي "مَرَارْ" على هذا الدلع!!

فتدخل أختها وتسلم عليها وتغير ملابسها المبللة، وبالفعل تنظر إلى إصبع أختها فتجدها قد خلعت دبلتها، فتسألها :

-ماذا حدث؟

فتجيب أختها: "هيَّ ماما قالت لك؟."

-طبعًا.

-نزل من نظري.

فتجزع الأخت الكبرى من كلام أختها: "ماذا؟ أعلمت عنه ما يشين؟."

فتقول الأخت الصغرى: "لقد كنت بدأت أحبه، أنت تعرفين اعتراضي عليه من قبل، هو كان يقول أن حياته هي الموسيقى.. سيعيش للموسيقى ويموت للموسيقى، وأنا حاولت أن أجذبه للعالم الذي نعيش فيه.. فهو مرفهٌ إلى حد كبير كما تعلمين، فأخذته إلى دار أيتام ودار مسنين، وأماكن العشوائيات، وقلت له أننا يجب أن نعمل في شيء له فائدة حتى لا نصير أنا وأبنائي لهذا المصير، وحتى نستطيع أن نساعد هؤلاء الناس على الحياة. والموسيقى لا تصلح لأحد سوى الملاهي الليلية والراقصات، وأن ميراثه لن يدوم.. خد من التل يختل. ولكنه ظل مصرًا على أن الموسيقى

هي أحد الطرق التي تؤدي إلى تحرر الروح وانطلاقها في الفضاء الفسيح، وتساعد على أن يكون الإنسان مبدعًا، والإبداع هو الطريق الوحيد لحل المشكلات المعضلة التي يعيشها مجتمعنا، وهذا الكلام الفلسفي عن التحرر الفكري والمعنوي والروحي أيضًا أحد سبل مقاومة الحياة الاحتكارية المعاصرة، وأن أهم شيء هو إشباع الروح والعقل، وإن استطاع الإنسان إشباعهما فلن يحتاج إلى أكل أو شرب، بل ستكون تمرة أو كسرة خبز كافية لإشباع الجسد طوال اليوم، لأن النفس ستكون متخمة بأكلات الروح والعقل الدسمة."

فضحكت الأختان وقالت الأخت الكبرى: "أعلم هذا الكلام، ما الجديد إذن؟."

فأجابت الأخت الصغرى: "الجديد هو أني كنت قد بدأت أحبه.. كنت قد بدأت أعجب بشدة بأن عنده مبدأ ومؤمن به ويحاول أن ينشره، حتى لو اختلفت مع هذا المبدأ فلا يهم. ولكني فوجئت به منذ عدة أيام يترك كل المؤسسات الموسيقية التي كان يشترك بها، وحين سألته عن السبب، قال أنه أصبح يحبني أكثر من الموسيقى وسيفعل أي شيء أطلبه منه، وأنه لا يهمه أي شيء سوى إرضائي."!!

فتعجبت الأخت الكبرى وقالت لنفسها: "ياإلهي.. ترفضه لأنه يحبها!!! وأنا أتمنى أن يحبني زوجي؟."!!

ثم قالت بصوت عالٍ: "ولكن هذا يعني أنه يحبك. أنت عجيبة، كنت سترفضيه لأن مبادئه لا تعجبك وحين يتنازل عنها لأجلك ترفضينه أيضًا؟ ماذا تريدين من هذا الغلبان أن يفعل ليعجبك؟."!!

فقالت الأخت الصغرى: "كلا.. هذا يعني أنه ضعيف. فهو حين كان يحب الموسيقى ترك أي شيء وكل شيء لأجلها، وحين

أحبني ترك أي شيء وكل شيء من أجلي، حتى مبادئه التي كان قد قرر أن يهب حياته لها، فأنا الآن لا أشعر بأمان.. فغدًا ربما وجد شيء أو أحدًا أحبه، فيتركني لأجله.. وهكذا."

ثم تسكت بُرْهَةً وتكمل: "يا أختي الكبيرة، الشخص القوي هو من يستطيع أن يتحكم بمشاعره وألا يترك لنفسه العنان تفعل ما تحب، بل تفعل ما يجب أن تفعل حتى لو لم تحبه، هذا ما يسمى مجاهدة النفس، وهذا هو ما يفتقر إليه.. وأنا لا أحب أن أترك حياتي لشخص هوائي ضعيف."!!

–ولكنه يحبك.

–الحب ليس شرطًا من شروط الزواج ولا ستمراره!!

–أختي.. حبيبتي.. أنا أعلم أنك أكثر تحكمًا وقوةً وعقلانيةً واستقلاليةً مني.. نعم أنت محقة، الحب ليس شرطًا لاستمرار الزواج ولكنه شرطٌ لاستمرارك سعيدة في الزواج. أفهمت الفرق؟!

الحقيقة أن الفرق كبير جدًا.. كبير بدرجة يصعب وصفها أو شرحها، فهي كالفرق بين السجين والحر!! أتفهمين؟!!

فأجابت الأخت الصغرى وقد ظهرت عليها علامات تعجب وعدم فهم: "أنا أعرف تحديدًا ما أريد وما لا أريد، فمن سأتزوجه يجب أن يكون به صفات محددة.. صفات أحبها، وألا يكون به الصفات التي أكرهها. وبالتأكيد حين أجد شخصًا كهذا سأحبه، وأحبه بجنون.. وحينها أعيش سعيدة."

فقالت الأخت الكبرى: "نعم، ربما ستحبينه وربما سيكون بالمعني التقليدي (زوج مثالي)، ولكن ربما أيضًا إن لم يستطع أن يحبك هو وتزوجك لتصبحي زوجة تقليدية، ستكونين حزينة وحيدة مرتبكة سجينة قلبك وروحك وبيتك، وربما أكرمك ولم يرفض لك طلبًا، بل يشتري لك أكثر مما تحتاجين، وإذا لم يحبك هو وظللت أنت فقط من يحب ستكونين كالمسجون في سجن (سوبر لوكس)، ويظل هو السجان الذي يحضر لك كل ما تحتاجين إليه تحت قدميك، ولكن ليس لأنه يحبك بل لأن هذه هي وظيفته ودوره.

لن تفرحي بما يحضر لك، ولن تشعري بغضاضة أو مرارة إذا استرده، فكل شيء يتساوى في النهاية، لا فرحة ولا حزن.. مجرد أيام تمر، تنتظرين فيها النهاية، نهاية أي مسجون.. إما الموت أو ً الخروج من هذا السجن بالطلاق لحياة أمر وأقسى من السجن!!

حينها ينظر لك الجميع بحذر وترقب، وتبتعد عنك الصديقات، حتى اللاتي يعرفن كم تعذبتِ بهذا الزواج، ولكن حينها ستكونين أنت المطلقة وهي المتزوجة، وتخاف على زوجها منك لأنك ربما تكونين الأجمل أو الأكثر جاذبية، وتخاف أن ينساق زوجها وراءك، وربما سيتأفف الأهل من عودتك لهم ويظلون يبذلون قصارى جهدهم ليعيدونكِ للسجن، أقصد لبيت زوجك، ويحملوها كجميل على الرأس للسجان.

أما لو تزوجتِ ممن يحبك وتحبين، فسيكون الزواج حقًا كالحلم، ستشعرين كأنك عصفور يملك فضاء السماء، يضرب بجناحيه كيفما يشاء ووقتما يحب وفي المكان الذي يختار، ستشعرين بالحرية المطلقة والأمان، فلو أحبك زوجك فلن يحاسبك على أي شيء، بل سيغفر لك كل شيء مهما كان عِظَمَ ما أتلفتيه. لو كان

زوجك يحبك -حتى ولو لم تحبينه- فسيُشْعِرُكِ بأنك إنسانة كاملة لا عيب فيكِ، لا يراك سوى جميلة رقيقة، بكِ أنوثة محببة إلى قلبه، سيراك هكذا حتى لو كنت منكوشةً وترتدين جلبابًا كستور!!

ستحبان أن تشتركا في كل شيء، فقط لتكونا معًا. ومهما كان ما تفعلان فستشعران بالسعادة.. سواء كان ما تقومان به هو غسيل الصحون أو سماع موسيقى أو ركوب دراجات.. لا فارق، فالشعور واحد.

ولكن إذا لم يحبك، أصبح كالسجان الراقد بجوار السور الحديدي، ودائمًا يكون السور بينكما، يراقبك ويمصمص شفتيه كلما فعلتِ شيئًا، أي شيء ليرضيه. سواء رقصت له، سيقول خليعة.. وإن قرأت القرآن، سيقول متزمتة أو ممثلة.. يلتقط لك الهفوات والزَّلات.. لا يصرح سوى بانتقاده لعيوبك. حتى لو فعلتِ شيئًا أعجبه فسيضمره ولن يقوله، حينها ستشعرين بالاختناق كالآية: "كَأَنَّمَا يَصَّعَدُ فِي السَّمَاءِ".. وستشعرين بالوحدة حتى وهو على بعد ياردات فقط منكِ.. ستشعرين بالتعاسة وتتمنين الموت عن الحياة معه."!!

فتظهر علامات الارتباك أكثر على الأخت الصغرى وتقول: "كيف يعيش كل الناس؟؟ أنا لا أرى أحدًا يعيش سعيدًا كما تصفين."

فتجيب الأخت الكبرى: "نعم، هذا صحيح.. فلكلٍّ أسبابه الخاصة. لاتوجد امرأة تعيش دون حب، ولكنها تُغَيِّرُ دفة ووجهة الحب. فهناك فتاة صغيرة غندورة تتزوج من رجل في سن جدها، فهي بالطبع لا تحب الرجل ولكنها تحب الألماس والفراء، وأخرى

سريعًا سريعًا أنجبت أطفالاً كثيرين، فهي لاتحب الرجل ولكنها تحب أولادها وتستعيض بحبها لهم وبحبهم لها عن أي حب آخر. وهذه هي القاعدة العريضة من النساء، تشعر أن حياتها مع أبيهم (أي أبو الأطفال) تضحية من ضمن التضحيات التي تقدمها لهم ليعيشوا حياة مستقرة بين أب وأم. وهناك من تحب الناس وتحب ظهورها وهي متأبطة ذراع رجل يجعلها مقبولة ومحبوبة لديهم، فهي لا تحب الرجل، وإنما تحب الظهور بجواره أمام الناس. وهناك من تحب غِيْرَةَ النساء منها، فتتزوج من شخص كريه الطباع بالنسبة لها، ولكنه مثلاً وسيم جدًا أو غني جدًا، فهي لا تحب الرجل، ولكن شعور أن الكل يحسدها ويغير منها يرضيها. وهكذا.. فلكل واحدة أسبابها."

فتفيق الأخت الصغرى وترد في حزم: "كلا، أنت تتكلمين عن الوهم. فمثلاً لو تقدم لك من لا تفخرين به، وبه عيوب كثيرة، ولكنه يجعلك تحلقين في الفضاء مثلما تصفين.. أستتزوجينه؟."

فترد الأخت الكبرى بخيبة أمل وعيناها في الأرض: "كلا، لن أتزوجه، لأني لا أحب أن أجلب لأبنائي أبًا لا يفخرون به. ولكن لو علمت أني لا أنجب، سأتحسر بقية حياتي على عدم زواجي منه."!!

فترتبك الأخت الصغرى ثانيةً وتسأل: "كيف هذا؟ لقد ارتبكتُ."!
فتوضح الأخت الكبرى: "ياحبيبتي، أنت الآن قبل الزواج، في حياتك أناس كثيرون.. أم، أب، إخوة، أصدقاء، مدرسين، أقارب، خالات، عمات، وأبنائهم، جيران،.. إلخ. أناس كثيرون جدًا، كل

منهم له مكانه في قلبك وعقلك، حين تملين وتشتاقين للكلام تجدين بدائل كثيرة، ولكل له تأثير معين عليكِ، ولكن بعد الزواج، كل مشاعرك تتغير، لا يصبح في قلبك ولا يشغل عقلك سوى زوجك، يصبح هو كل حياتك، لو مدحك العالم كله وانتقدك زوجك، ستشعرين بالحزن فقط. ولو ذَمَّكِ العالم كله ونبذك، وأحبك زوجك ومدحك، ستشعرين بالفرح فقط، ولن تشعرين بأية غضاضة .

بعد الزواج ستستغنين عن العالم أجمع بزوجك فقط، وهو الوحيد الذي سيكون معه مفتاح سعادتك. الآن أقول لك أن سعادتك تنبع من داخل ذاتك وقلبك، ويشعها عقلك لباقي أطراف جسمك. ولكن بعد الزواج، ستنبع سعادتك من ابتسامة زوجك لك أو كلمة حب بسيطة يلقيها على أذنك في الصباح قبل ذهابه للعمل، ومهما حدث في بقية اليوم فلن يؤثر عليك، لأنك ستظلين مشغولة بتلك الكلمة البسيطة الجميلة.. ستسرحيت في لمعة عينيه ورائحته والقشعريرة التي سرت بجسمك لحظتها، وكلما تذكرت هذه اللحظة ستسري هذه القشعريرة مرات ومرات بجسمك لتُدَفِّئَكِ وتسعدكِ.

ولكن إن لمعت عيناه بالشرر والقسوة وقال كلمة فيها نقد أو اشمئزاز أو لوم، فحتى لو كَرَّمُوكِ في هذا اليوم بجائزة نوبل وظل العالم كله يحلف باسمك، وقامت مظاهرات تنادي بحبك كالأميرة ديانا، ستظلين حبيسة ذاتك، وكلما تذكرتِ هذه اللحظة اشمأزت نفسك ونهكت قوتك وأُصيبت معدتك بالمغص. ستظلين تشعرين رغمًا عنك بالانكسار والخزي، وتظل عيناك لا ترى الناس من حولك، وإنما تنظر للأرض هربًا من عيون زوجك

وكلمته التي تلاحقك، وحينها ستخافين حتى الموت، لأن زوجك سيكون زوجك في الخلود، فتتحسرين على حياتك ومماتك."

فتدمع عيني الأخت الصغرى من الحيرة والاختيار والقرار، فتحتضنها أختها وتُرَبِّتُ على كتفها وتقول لها وهي تلاعب خصلات شعرها: " كل ما أريد أن أقوله، لأني أريد لك السعادة في الدنيا والآخرة، أن تتأكدي فقط من مشاعرك نحوه ومشاعره نحوك، تأكدي إن كان حقًا هوائيًا ومن الممكن أن يحب غيرك بعدك أم لا. لا يوجد سوى فتاة أحلام واحدة في حياة كل رجل، كل ما أقوله، تأكدي إن كنت أنت هذه الفتاة أم لا. فإن كانت الإجابة بلا فاتركيه، لأن بداخله سيظل يقارنك بها طول العمر، ولكن إن كنتِ أنتِ هذه الفتاة، فتأكدي من حبك له.. تأكدي حتى لا تندمين يومًا على ما كان في يديكِ، وتركتيه لمجرد إرضاء الناس والأهل. فالناس لن تعيش معكِ بالمنزل، ولكن هو من سيلازمك طوال الوقت، فتحرري من قيود آراء الأهل والأصحاب، فلن ينفعك أحد منهم إذا كنت سعيدة أو شقية. غوصي في أعماقك وتخيلي نفسك ببيتك وأنت وهو وحدكما، اسألي نفسك: هل هذا يكفيكِ ويرضيكِ أم لا؟ تخيلي أنك بالبيت وهو آتٍ إليك، هل ستكونين مشتاقة وتنتظريه بلهفة وشوق وفرح؟ وهل دخوله عليك البيت سيجعل قلبك يتهلل؟ أم تتأففين وتشمئِزِّين بمجرد معرفتك أنه قريب من المنزل، وتظلين طوال فترة وجوده بالمنزل تَتَذَمَّرِينَ بداخلك؟
وهو مسافر، هل تتمنين عودته سريعًا، أم تتنفسين الصعداء وتحمدين الله أنه بعيد عنك؟

وهو.. هل سيتودد إليكِ وقت قوتكِ وغناكِ ونجاحكِ وفرحكِ، أم سيغير منكِ ويتمنى زوال النعمة عنك، حتى تحتاجين إليه وترضخين له، وتتساوين معه في النصيب؟

هل يدعمك ويشجعك، أم دائمًا يحطمك ويدمرك؟ هل سيرحمك في ضعفك وحزنك وفقرك ومرضك، أم سيذلك ويتضرر منك ومن وجودك، ويحقرك ويقلل من شأنك، ويظل طوال الوقت يعايرك بأنه تفضل عليكِ برحمته وأمواله وخدمته لكِ في هذه الأثناء؟

صحيح الحب ليس شرطًا لاستمرار الزواج، ولكن المودة والرحمة في كل قول وفعل شروط. اعلمي أننا كما قال رسول الله، نحن كالقوارير.. أيُّ كسرٍ بنا لا ينصلح. ربما نظل متماسكين، ربما نظل بفائدتنا لمَن حولنا، ولكن يظل الشرخ موجودًا بأعماقنا لا يصلحه أي شيء، حتى لو تغير بعد أن كَسَرَنا وأصبح يعاملنا أفضل، ربما سامحناه ولكننا لن نستطيع محو الذكريات ولن نستطيع أن نعيش بالأمان الذي كنا نألفه ونعيش به من قبل، سيظل هناك حائلٌ سد، فمَنْ جُرِحَتْ مرة ترتعد من حدوث جرح آخر، فربما تكون الثانية هي القَاضية وتفقد السيطرة والحفاظ على حياتها وعلى زمام أمورها، وتنهار تمامًا لتصبح أشلاء قارورة.. مجرد قطعًا زجاجية فائدتها الوحيدة هي القطع والجرح والألم، ولا تستخدم سوى في الانتحار!!!

يجب أن تسألي نفسك عن نفسك وتغوصي في أعماقك. اسألي، لو هو حدث له أي شيء لا قدر الله، هل ستضحين من أجله أم ستتذمرين من خدمته؟ في وقت الضعف والمرض يظهر من يحب حبًا حقيقيًا، ومن يقف ويدعم ويرحم ويشفق، ممن هو قاسي القلب أناني لا يفعل سوى ما يريد ولا يسمح إلا بما يريد!!

اسألي نفسك عنه وعن إحساسك به وخوفه عليكِ واشتياقه لكِ، والأمان الذي يوفره لكِ.. هل تأنسين له؟ هل حقًا تشعرين أنه لباسٌ لكِ وأنت لباس له؟ هل وهو لباس لكِ، هل ستفخرين به أم ستخجلين من خروجك من البيت به؟؟

اعلمي أختي العزيزة أن البيت هو المكان الوحيد الذي سترتاحين به، فإن لم يكن كذلك فستظلين متعبة طوال العمر!!

ابحثي عن سعادتك وانسِ الناس.. الوحيدون الذين تهتمين لأمرهم وتقدرين رأيهم هم أبنائك، حتى لا يجيء يومٌ ويلومك أحد أولادك على اختيارك، ويصرخ بوجهك: "أين كان عقلك ياماما لتتزوجي من هذا الإنسان؟ أنت تستحقين من هو أفضل.. وبالتأكيد كان هناك من هو أنسب، فلِمَ لَمْ تري سوى هذا الإنسان؟."

فتندمين وتتحسرين ولا تعلمين بم تجيبيه سوى بالاعتذار!!

سيحايبك الله على اختيارك لزوجك، وسيحاسبه على اختياره، ففكري مليًا بأسبابك ولا تُقْدِمِي على القبول أو الرفض إلا وأنت مئة بالمئة، ومتأكدة من نظرتك وحدسك وإحساسك.

إن الله خلق العقل في القلب وليس في المخ.. فَسَلِي قلبك.. أرجوكِ."

النـــذل

"نعم، فرقت بينهما وكسرت قلبيهما ودمرت أحلامهما.. منحوني ثقتهم واستغللت ذلك لمخططي.. ونجحت ."

ثم يسكت وفي عينيه حسرة، ثم يستطرد وفي عينيه رجاء: "أرجوكم لا تحكموا عليَّ حكمًا نهائيًا الآن، اسمعوني وضعوا أنفسكم مكاني، وانظروا من عيني.. نعم اعترف بالجُرْمِ، لقد فَرَّقْتُ بين صديقي وحبيبتي. أُحِبُّهُ وأُحِبُّهَا.. والصراع أدماني. لقد تعذبت أكثر منهما، كل ليلة منذ أن كان ماكان وأنا لا أستطيع النوم، ضميري يقهرني ونفسي تَنْصُبُ لي المحاكمة وتحكم عليَّ بعدم النوم. أنا أتعذب إلى الآن، في حين انظروا إليهما.. كلاهما تزوج ويعيشان منعمين قريري العين. ألم أقل لكم أني تعذبت أكثر منهما؟."

ثم تحمر عيناه وتتسعان وتبرقان، ويخرج منهما شرر ويقول: "لماذا تحاكموني؟ أنا لم أفعل شيئًا.. أنا فقط كنت أداة القدر. نعم، هذا كان قدرهما، لم يكونا لبعض، لم يكن مقدرًا لهما ذلك وإلا ما كنت نجحت، بل ربما أتى ما فعلته له أثرًا عكسيًا، وعمقت علاقتهما أكثر بدلاً من أن أنهيها. بالتأكيد حبهم لم يكن حقيقيًا، كانا يخدعان نفسيهما وأنا كان لي الفضل عليهما، لأني أنرت بصيرتهما وأوضحت لهما الحقيقة، هما من أعطياني الفرصة. توسيطي بينهما كان حجة منهما، كأن كل منهما أراد أن ينهي حبهما وخجل، ففوضوني لأقوم بذلك بالنيابة عنهما، وقد فعلت. وما كان مني ألا أن دعوتهما ليتركا بعضهما فاستجابا لي، فلا تلوموني ولوموهما، نعم، أنا لست مذنبًا، لست مخطئًا.. بل رسول.. لا، بل ملاك أُرْسِلَ لهما لينفذ القدر."

وسكت وسرح بعينيه بعيدًا ثم هز كتفيه وهو ينظر إلى الأرض ويقول: "وبعدين، لماذا أنتم متضايقون؟ أليس كل شيء بالعاقبة؟ فلننظر للنهاية إذن، هاهما قد تزوج كل منهما من آخر وأصبح عندهما أبناء، ويعيشان سعيدين، أو هكذا يبدو على الأقل. إذن أنا أسديت لهما جميلاً يجب أن يشكراني عليه، أليس كذلك؟."

"لا تنظروا لي هكذا، نعم أنا أعلم أنهما تألما كثيرًا، ودمعت عينا كل منهما، وأنهما ربما مازالا يفكران ببعضهما البعض ويتحسران، هي... هي بالتأكيد، أنا أعرفها أكثر من نفسها، أعلم أنها كانت تظل تبكي كل ليلة إلى أن تنام على دموعها .

أكثر ما آلمني هو ذبولها ووهنها ومرضها في تلك الأيام. لن أنسى نظرة الصدمة التي كانت على وجهها حين قلت لها أنه تركها، وخَطَبَتْ له أُمُّهُ غيرها، ولكني قلت ذلك في وسط حكايات كثيرة لأخفف عنها، وحين تَسَمَّرَتْ أمامي كأن روحها صعدت للسماء وتجمد جسمها، قلت لها أنه حزين ومجبر وليس أمامه خيار، وأنه لا يزال يحبها ويتمناها ويفكر فيها. نعم، صدقوني قلت لها كل هذا لأخفف من آلامها وأُرَبِّتَ على قلبها الكسير، فأنا كنت أحبها حبًا جنونيًا، ولم أحتمل رؤيتها هكذا، ولكن هيهات أن يتغير أي شيء. كم تمنيت لحظتها أن أجثو أمام قدميها واعترف لها بكل شيء فعلته وقلته واعتديت به عليها، واعترف بإثمي وأطلب منها أن تسامحني، ولكني خفت ولم تواتني الشجاعة لفعل هذا. نعم.. أنا جبان، ولكني أعرفها.. كانت ستصفعني على وجهي بقوة وتتحول من كل هذا الانكسار إلى وحش كاسر، وستكسر أم رأسي بأقرب شيء تطوله يديها الصغيرتين!!

ليتني فعلت.. ليتني كنت شجاعًا، لاستطعت أن أنام الآن. ولكن ما كان قد كان، واعترافي لها لم يكن ليغير أي شيء مما حدث، ولم

71

يكن ليداوِ جرحها.. فقررت الانتظار، ولا يوجد لأي جرح أفضل من الوقت ليداويه.. وها قد صدق حَدَسِي، ومع الوقت استطاعت تخطي الأزمة."!!

ثم يسكت ويفكر، وفجأة يعلو صوته بالغضب ويقطب حاجبيه قائلاً: "الحقيقة أنها هي سبب كل ذلك، نعم هي السبب، أنا أحببتها جدًا، رغمًا عني، نعم رغمًا عني كنت أفكر بها وأتذكر وجهها ورائحتها وأسمع صوتها في أذني فيطرب له قلبي.. وحين شعرت هي بذلك، وبدلاً من أن تشفق عليَّ وترفق بعذابي وأنا أراهما معًا وأسمع منه ومنها كيف يحب كل منهما الآخر، وما يقولانه لبعضهما البعض، بدلاً من ذلك عاملتني بقسوة، بل أحيانًا بسخرية كأنها كانت تريد أن تنهرني وتُكَرِّهَني فيها.. ولكني كنت أعلم أنها تمثل وأنها ليست بهذه القسوة .

إلى ذلك اليوم الذي اعترفت لها بإعجابي لها، ولكنها أجابت باستعلاء أنها شعرت بذلك من ملاحقتي الدائمة لها في كل مكان، وأني فهمت تواضعها معي بصورة خطأ، وأن الفارق الاجتماعي بيننا لا يمكن تجاهله .....

أنا لم أطلب منها أن تحبني، كنت فقط أتمنى أن تعطيني فرصة لأعبر لها عن حبي، فربما أحبتني وشعرت بالنارين اللتين يضطرمان بقلبي، نار حبها ونار الغيرة من صديقي. ثم هو ليس أفضل مني في شيء، إننا متساويان في كل شيء. كل ما هنالك أنها أعطته الفرصة، وأنا لم أكن أرِيد أكثر من حقي في فرصة مماثلة. فلو كانت أعطتها لي لكنت أَثْبَتُّ لها أني أجدر منه على إسعادها، وحتي في النهاية، إنه أنا من كان يذرف الدمع لحزنها، في الوقت الذي كان هو يتنزه ويتمتع مع أخرى، وتجاهلها وتناسى أنه سبب تعاستها. هذا ما كنت فقط أحاول إثباته لها

ولكنها لم تعطني الفرصة. كانت دائمًا لا تنظر إليَّ، وإن نظرت لا تراني، ولا تشعر حتى بوجودي. فقررت أن أتصرف، فلاحقته إلى أن أصبحتُ صديقه الوحيد ومركز كل ثقته. في البداية تضايَقَتْ من صداقتي له لأنها كانت تشعر أني ضئيل ولا أرقى لأن أكون من أصدقائه، ولكنني ظللت مُصِرًّا، إلى أن فرضني عليها وأصبحت كيانًا مهمًا بينهما.. ومع الوقت تَقَبَّلَتْ أننا ثلاثة. في البداية كانت تضغط على نفسها إرضاءً له، ولكن مع الوقت أصبحت مرسال الغرام. وقد خدمتني الظروف أكثر حين انتقل من حَيِّنَا.. آه لقد نسيت أن أقول لكم أننا جميعًا كنا جيران. وبعد أن رحل صديقي وسكن بعيدًا، أصبحت أنا مرسال الغرام بينهما.. أرأيتم؟ ألم أقل لكم أنني فقط كنت أداة القدر؟ فلماذا انتقل صديقي في هذا الوقت فقط بعد كل هذه السنين؟!!

المهم، كنت أحمل هدايا كلٍّ منهما للآخر مع الرسالة الشفهية، وفي البداية كنت صادقًا أنقل حرفًا بحرفٍ، ولكن مع الوقت ومع اكتسابي ثقتهم العمياء فيَّ، كانت رغمًا عني تتبدل الكلمات على لساني أو أنقلها مع تعديل طريقة الكلام، لأعطي إيحاءً عكس ما تعنيه الكلمات، وهما كانا يصدقاني!!

مثلاً أذكر في البداية حين ذهبت لحبيبتي لآخذ منها أول هدية أرادت أن ترسلها له، وكانت قد أرفقت معها خطابًا.. فأخذت الهدية وأظهرت الامتعاض والضيق والقلق من أخذ الخطاب، فسألتني عن السبب، فقلت لها وأنا أظهر التردد: "نعم، هو إنسان دمث الأخلاق، ولكن من يضمن ما يمكن أن يحدث؟ فقد تتغير النفوس والمشاعر، وربما قررتِ يومًا أن تتركيه وتتزوجي من غيره، فلا داعي لأن تضعي في يده إثباتًا أو أشياءً مادية يمسكها

عليكِ ويهددك بها، واجعليها رسائل شفهية أفضل، وأنا سأنقلها له."

فأطاعتني!!! أليس هذا معناه أنها لم تكن تثق به ثقة عمياء؟ أرجوكم.. لا تقولوا أني زرعت بذرة الشك في قلبها تجاهه، بل بالتأكيد كانت هي موجودة وأنا فقط استثرتها.. ومن ناحية أخرى أكون على علم بكل كلمة تدور بينهما، وأيضًا ستقل كلمات الحب والإعجاب لخجلهما من أن يقولاها لي، فيقل توهج المشاعر ويبرد قلبيهما، وربما زاد الجفاء، وتتحقق مقولة "البعيد عن العين بعيد عن القلب ."

وبعد أن أصبحتُ محل ثقة صديقي وعينيه اللتان يرى بهما حبيبته وأذنيه التي يسمعها بهما، عملت على أن أكون عقله الذي يفكر به فيها .

أذكر يوم عيد ميلادها، جلست أزن وأطن أنها أغنى منه بكثير ومهما اشتري لها فإمكانياته لن تتسع لطلباتها ولن يستطيع أبدًا حتى لوعمل ليل نهار أن يوفر لها المستوى المادي والمظهر الاجتماعي التي تعيش عليه وتَرَبَّتْ فيه، ولو تحملت سنة فلن تتحمل أخرى، فصدمني صديقي بهديته وأنها أغلى هدية بالدنيا، فقد أهداها مصحفًا.. فضاعت حيلتي، ولكني نجحت أن أزرع بذرة قلة الحيلة والنظرة الدونية والاستعلاء التي قد تصدر منها يومًا، فأكون قد خسرت جولة وليس المعركة. وكنت أتحين أي فرصة لأقول ما الجديد الذي اشتراه أهلها، وبكم؟ وأُضَخِّمُ وأفخم وأحقر فيه، وأتعجب كم سيطلب أهلها في المهر والشبكة؟ وأُظْهِرُ الإشفاق عليه من هذه الأهوال المادية التي على عاتقه. هل أكون بهذا خائنًا للثقة، أم صديقًا أمينًا يرى ما لا يراه صديق؟!

74

وحدثت مرة حادثة محورية حيث أعطاني صديقي كتابًا لحبيبتي وقد أعطيته إياها، ولكنها كانت مشغولة بامتحاناتها فلم تستطع قراءته، فظللت أتابع معه وكلما رأيته أقول إنها لم تقرأه كأنما تستتفهك ولم تعد تهتم بأمرك، أرى أنها قد تغيرت، نعم عندها امتحانات، ولكن عُمْرْ الامتحانات ما كانت حائلاً لأن تطيعك من قبل.. يبدو أنك لن تكون لك الكلمة العليا في بيتك، ومع الوقت لو سمحت لها ستتحكم بك وبالبيت، فغضب منها حينها غضبًا شديدًا!!

ومرة أخرى خدمتني الظروف بتَقَدُّمِ عريسٍ لها، فزاد ذلك من كآبتها وحزنها وضغط أهلها عليها، وحين ذَهبت لأراها جزعتُ من أن توافق عليه وتضيع مني، ولكني اطمأننت حين رأيتها تقابل العريس بوجه عابسٍ بائسٍ، صامتة ملولة.. ولو تحدثت معه تكون عصبية ناقدة أو ساخرةً، وحين رأتني كأنها رأت طوق النجاة، فسعدتُ كثيرًا بابتسامتها لي في ذلك اليوم، وشعرت أني ملكت الدنيا وما فيها، وإذ بها تنظر لي ثم تضع عينيها في الأرض وتطلب مني بانكسار أن أقول لصديقي عن خبر العريس.

ففعلت، وذهبت له وقلت إنها تغيرت كثيرًا.. وحين سألني إن كانت متماسكة أمام العريس وأهلها، وكيف تبدو؟ أجبت أنها كانت متماسكة جدًا.. حتى أنها طلبت مني بقوة أن أخبرك عن العريس، كأنها لا تقدر ظروفك وأنك لن تستطيع التقدم لها الآن لأحوالك المادية غير المستقرة.

فسألني إن كنت جلست معها، فأجبت بالإيجاب، ولم أخبره شيئًا عن ما كان عليه لونها وحزنها وألمها، فزاد ذلك من غضبه، وشعر كأنه صُدِمَ فيها وأنها قد تستجيب لمن هو أقدر وأغنى، فلم أعلق وهززت كتفي وسَكَتُّ !!!

أبهذا أكون كاذبًا؟ كلا أنا لم أقل سوى الحقيقة. نعم جلست مع العريس، ونعم طلبت مني بقوة إبلاغه بأمر العريس.. هو من فهم القوة على أنها تضغط عليه وتتمنظر عليه بتنافس الخُطَّابِ وتهافتهم عليها.. بالتأكيد هذا أعاد شعوره بالدونية وأنها حقًا أفضل منه.. كان الشعور موجودًا بداخله وأنا أثرته فقط، فأنا لست مذنبًا.. إني كنت أحاول أن أضيء لهما الطريق وأن أطلعهما على نقاط الضعف في علاقتهما.. فالحب أعمى ويجعلهما لا يريا الكثير من الحقيقة، وإن تفرقا الآن فبالتأكيد هذا أفضل من طلاقهما بعد ذلك لو كانا أطاعا قلبيهما ورفضا رأي العقل، أليس كذلك؟؟

ومن ناحية ثالثة بدأت أضغط على أم صديقي وأحدثها عن أم حبيبتي، فكانت معروفة أنها ابنة عز، ولذلك كانت لها سطوتها في حيينا والكل يعمل لها ألف حساب، وبدأت أحكي لها وأصورها أنها تمادت كثيرًا وأصبحت تتحكم وتستبد، وبالتأكيد ستصبح ابنتها مثلها يومًا ما، ألا يقول المثل هذا؟ وبدأت أقنعها أن تبحث لصديقي عن عروس أخرى تشبه حبيبتي في بعض الصفات والسجايا، وقد سهل لنا الطريق وجود جارة لهما كبيرة الشبه في الصفات والشخصية والآراء بحبيبتي، وبدأ الكل يطن في أذن صديقي، أنا وأمه وأخته وحتى أبيه، وبدأت صورة حبيبتي تبعد عن ذهنه حثيثًا حثيثًا، بعد أن أصبحت أنا همزة الوصل الوحيدة بينهما.. فبعد حكاية العريس نصحت صديقي بألا يزورها أبدًا حتى لا يسمع أي تلميح أو تجريح من أهلها ويجد نفسه إما في وضع التدبيس أو الإحراج، وأنه لا داعي أن يُعَرِّضَ نفسه لذلك ما دمت أنا موجود، ربنا يخليني ليهم. وبالفعل مع بعض دعوات الأم وتخييره بينها وبين حبيبته، وأنه لو أصر وتزوجها فلا هو ابنها ولا تعرفه، ولا تريد أن تراه، ثم السقوط

والرقود في السرير عدة أيام مريضة، رضخ صديقي وخطب الفتاة الأخرى وانتهت الحكاية!!

صدقوني.. لقد فعلت هذا لأني أحبهما.. نعم أحبهما، وكنت أعاني صراع فقدانهما معًا وأنا لا أستطيع أن أعيش دون واحد منهما على الأقل في حياتي، فلو تزوجا لن أتحمل رؤيتهما معًا.. فكان الحل الأمثل أن أفرق بينهما وأتزوجها أنا، وأحتفظ به كصديق لي بعيدًا عنها، فصديقي طيب القلب وسيغفر لي إن تزوجتها، بل سيفرح لنا حين يعلم كم أحبها وما سأبذله لإسعادها، وهكذا أحتفظ بكليهما في حياتي. ألم أقل لكم أني أحبهما؟ وهذا هو ما سَوَّلَتْ لي نفسي، ولكن كما كان مقدرًا أن يتيها من بعضهما البعض، تاها أيضًا مني.. لم يكن مقدرًا أن يظل لي أيًا منهما، كأنه كُتِبَ عليَّ أن أتعذب وحدي، فصديقي ضاقت نفسه وهاجر ليبحث عن حياة أفضل في بلد آخر، وهي حين حاولتُ التقرب منها لعلي أصل لغايتي، وجدتها تقول لي أنها لا تريد أن تراني أو تسمع عني أي شيء، فهي حين تراني تشعر أنها تراه، وأذكرها بكل الذي كان، وهي تريد أن تطوي هذه الصفحة طيًا نهائيًا، ولا تريد أن تتذكر أي شيء، لتنسى وتعيش حياة جديدة. وهكذا فقدتهما هما الاثنان للأبد.. ذهبا ليعيشا وتركاني وحيدًا أتألم وأتعذب وأشتاق إليهما، أرأيتم كم أنهما أنانيان؟ ولم يهتم أَيٌّ منهما لأمري واهتما بحياتيهما فقط؟ أرأيتم كم أني مسكين وأحتاج لحبكم وحبهما؟ وكيف يجب أن يكون حكمكم عليَّ كله رثاء وشفقة؟

من جاور السعيد يسعد

فتاة جميلة رائعة الجمال.. عيون واسعة، رموش طويلة، أنف روماني دقيق، فم مثل خاتم سليمان، شعر بني ناعم يتناسب مع عينيها العسليتين، وجه مستدير كالقمر، أبيض كاللبن. رشيقة، ولكن كل ما عدا جمالها فهو متوسط، متوسطة الذكاء، فلا تستطيع أن تقول أنها ذكية ولكن في نفس الوقت ليست غبية، ليست متدينة وليست منحلة، ليست مثقفة وليست جاهلة، حتى في الدراسة ليست متفوقة وليست بليدة، ليست خفيفة الظل ولا ثقيلة الدم .

ولهذا فإنها لا تضيف إلى أي جلسة تحضرها ولا تُنْقِص.. ولهذا أيضًا لا يفتقدها أحد إذا غابت سوى من يحب جمالها، وعددهم - عجبًا- لم يكن بالكثير.

كنت دائمًا أتعجب، ما الذي ينقص هذه الفتاة لتصبح متميزة مؤثرة، لها إضافات وبصمة خاصة؟ فهي تعيش حياة أسرية هادئة هانئة أقرب للرفاهية. في بادئ الأمر ظننت أن سبب بقائها في الظل هكذا هو لمعان وظهور أصدقائها، فهي دائمًا برفقة أكثر فتاة متفوقة.. وحين فكرت في الحب أحبت أكثر الفتيان شهرة ووسامة.. ولما تزوجت تزوجت من أغنى شاب في مجتمعها. فظننت أنه بسبب لمعان وظهور من معها يغطي عليها وعلى تميزها ويضعها في الظل، وتعجبت لماذا لا تستقل عنهم لتظهر هي وتؤثر فيمن حولها؟ وتقربت منها لعلي أجد السبب .

وبالفعل علمته.. وكان السبب غريب جدًا، يرجع إلى أنها تشعر بالنقصان، دائمًا تحس أنها ناقصة وينقصها شيء، ولهذا دائمًا تحتاج لأحد بجانبها يغطي على هذا النقصان ويداريه، وهذا ما

شعرته من كلامها وأسلوبها وترددها وعدم ثقتها في نفسها، فإذا أُقْحِمَتْ في مناقشة وطُلِبَ رأيها –حتى ولو في موضوع عابر مثل فيلم أو مطرب- تجدها تقول كلمات قليلة هامسة مهزوزة، بعيون تدور في محجريها تبحث عن شيء أو أحد، ثم فجأة تجد لمعة وفرحة حين تجد صديقتها أو صديقها، فتسأله السؤال سريعًا وتقول رأيها لها أولاً، وإذا عَضَّدَ الصديق من رأيها تجد شخصية مختلفة تمامًا، تعيد رأيها بصوتٍ قويٍّ وجهوريٍّ وعيون متحدية لأي أحد يعارض، متعصبة ومعتدة بنفسها ورأيها.

لم أجد تفسيرًا لهذا إلا أنها تستمد قوتها وثقتها بنفسها ممن تتبعه، ولكن لم أستطع فهم سر هذا حتى قابلت والدتها ذات مرة ووجدتها دائمًا تردد: "مِنْ جاور السعيد يسعد، ومِنْ جاور الشاطر يتشطر، ومِنْ جاور الغني يغتني"، ففهمت السر. فلهذا هي دائمًا تشعر أنها لا يمكن أن تكون منبع السعادة ولا الشطارة ولا الغنى ولا أي شيء، بل هي تستمد ذلك من المحيطين، تمامًا كالقمر، يظل مظلمًا ولا يضيء سوى من انعكاس أشعة الشمس عليه. فترسخت هذه الكلمات بداخلها، أنها بليدة، جاهلة، تعيسة، فقيرة، من دون ذلك الجار المُسْعِد!!

وهذا ما يفسر تصرفاتها التي بدت غريبة وغير مفهومة. تركت أفضل صديقاتها التي كانت ملازمة لها طوال الوقت فجأة ودون أي مقدمات ودون عراك، لتلازم صديقة أخرى لمجرد أن الصديقة الجديدة أشطر!!

وهذا يفسر أيضًا تركها لحبيبها رغم حزنها لذلك، وحبها الشديد له.. لظهور إنسان في مركز مرموق أكثر، وأغنى منه ..

ولأن هناك دائمًا من هو أغنى وأكثر سعادة وأكثر لمعان، وأخاف إن لم ترضى بما قسمه الله لها وتثق بنفسها وتشعر أنها من

الممكن أن تكون هي نبع الخير؛ ستظل هكذا.. مجرد صدى صوت لمن حولها، ولن تستمر أبدًا لا في عمل ولا زواج، وربما حولت حياة أبنائها إلى جحيم من المقارنة وإجبارهم على ملازمة أناس لا يحبونهم.

ســـؤال وجـــواب

أول ما بدأت في سن المراهقة، كانت هناك أسئلة تطرح نفسها في عقلي، والعجيب أني حين كبرت وجدت بعض إجاباتها وهي كالتاليً:

١- سؤال: ماذا يقول العريس للعروس حين يرقصان معًا الرقصة البطيئة الأولي في الفرح؟

وقد علمت بعض هذه الإجابات :

-إمتى بقى الفرح ده يخلص؟ أنا لا أصدق أننا من اليوم سنظل معًا إلى الأبد .

-لقد لمست السماء بيدي منذ أن لمست أجمل نجمة فيها.

-هي أمك مش هترحم نفسها بقى، لازم تدب رأيها في كل حاجة كده؟

-بتبصي وبتضحكي لمين؟ ثم يلتفت العريس خلفه، فتجيب العروس: أنا بضحكلك إنت ياحبيبي، فيمسك العروس ويحتضنها بقوة ويقول: لأ إنت بتضحكي لابن خالتك، مش ده اللي كان بيحبك ولحد دلوقتي لم يتزوج؟

٢- سؤال: ما هو الحب من أول نظرة؟

الجواب: الحقيقة حتى الآن كلما سمعت " الحب من أول نظرة" جاء في مخيلتي مشهد من حلقات توم وجيري، أول ما تظهر القطة الحلوة ويراها توم، ينفتح فمه إلى أن يلامس الأرض ويسيل لعابه وتقفز عيناه من مقلتيهما مع قلبه ويدقان بعنف بعد

رسم شكل قلب، ودائمًا تنتهي الحلقة بكسر قلب توم وتتركه القطة لقط آخر أو حتى لجيري!!

يؤسفني أن أقول للرجال أن النساء لا يحببن من أول نظرة، ولا أعتقد أني قد سمعت أو قرأت حتى في الروايات شيئًا مخالفًا لذلك. فعادة النساء عندهن قائمة صفات، يحببن فقط من يتوافر فيه هذه الصفات، وربما يرجع ذلك أيضًا لأن هناك معتقد سائد في مختلف الثقافات من قديم الأزل أن الرجل شكله لا يهم، بل إن هناك نساء يفضلن الزواج من الرجال الذين بهم بعض القبح حتى لا يغرن عليه، ومن ناحية أخرى لا يصح أن تقعد بجانب واحد أحلى منها في الكوشة!!

٣- السؤال: كيف يموت الحب؟

الجواب: قال إحسان عبد القدوس: "عدو الحب هو المسؤولية". و قال توفيق الحكيم: "إن الزواج هو مقبرة الحب."

وهناك مثل شهير: إن دخل الفقر من الباب، هرب الحب من الشباك. وأنا اعتقد أن الحب الذي يموت كان سببه من البداية الانبهار. وبقدر ما كان الانبهار بقدر ما تكون الحسرة حين تنكشف العيوب وتزول الغشاوة .

٤- السؤال: ما سبب فتور الحياة الزوجية حتى لو كان حب جنوني؟

الرجال: لا يمكن أن يحب الرجل الجائع الخاوي المعدة.. وهذا حال الرجال دائمًا عند عودتهم للمنزل بعد العمل وعند الاستيقاظ في الصباح!!

النساء: لا تستطيع المرأة المرهقة جسديًا بعد الطبخ والغسل وتغيير الكافولات والتنظيف وتلبية أوامر هذا وذاك، وبعد الملل من العمل داخل البيت وخارجه، أن تحب وتتأنق وتتغندر!!

٥ـ ما هو الحب من طرف ثالث؟
الجواب: هو الحب المفاجيء الذي يطرأ على الأب حين يجد الأم تدلل رضيعها، ورضيعها يسخسخ من الضحك.. ويصبح الأب هو الطرف الثالث.

٦ـ سؤال: هل من الممكن أن يستمر الحب من طرف واحد؟
الجواب: بالطبع لا، لقد فطرنا الله على أن نحب أن نكون محبوبين، فيسعى كل إنسان أن يكون محبوبًا. ولهذا يستطيع القلب أن يحب أكثر من مرة وحتى الشعوب إذا شعرت أن قائدها يحبها فيفتدوه بأرواحهم حتى لو كان في الواقع يقودهم للتهلكة!!

٧ـ سؤال عن الحب والطلاق:
حضرني موقفين يحددون الفرق بين الحب في الزواج والطلاق للمرأة والرجل..
الأول: حدث أيام رسول الله حين جاءته سيدة وقالت أنها تريد الطلاق لأنها لا تحب زوجها وتراه أقبح أصدقائه، فطلقها رسول الله.

أما الآخر: حين جاء رجل لسيدنا عمر بن الخطاب وقال أنه يريد أن يطلق زوجته لأنه لا يحبها، فنهره سيدنا عمر وقال: أين الزمامة والقوامة؟ أكل المنازل بنيت على حب؟؟

حلـم الهـــروب

دائمًا حين أكون أواجه مشكلة أو ضايقني أحد من البشر كانت تظل هذه المشكلة أو هذا الشخص "يتنطط" في رأسي وأمام عيناي، خاصة حين أبدأ في إغلاق عينيَّ لأنام. فلا أرى غير هذه المشكلة أو هذا الشخص فلا أستطيع أن أنام أبدًا. ومع الوقت ألهمني الله بحيلة كنت دائمًا ألجأ إليها ولم تخب معي الحمد لله، وهي حلم الهروب.

نعم هو حلم من أحلام اليقظة أهرب إليه من مضايقات يومي لأخلد إلى نوم هنيءٍ. كنت دائمًا أحلم أني أهرب من الناس، من كل الناس إلىَ تلك الجزيرة. جزيرة في وسط اللامكان، وبها جبال خضراء وشلال من الماء العذب داخل غابات هذه الجزيرة الغَنَّاء، وعلي أطرافها شاطئ من الرمال البيضاء، ولي كوخ صغير من القش، وسرير "شبيكة" معلق بين نخلتين لأنام وأتأرجح عليه كالأطفال الرضع.

أغلق عيناي وأبدأ في تخيل نفسي أبني هذا الكوخ قشة قشة وزعفة نخيل زعفة نخيل، وأتخيل أن معي على هذه الجزيرة قرد وببغاء وحصان لونه بني غامق، وفي الماء تحاوط الدرافيل الجزيرة وتسبح حولها من كل جانب، وأبدأ يومي بالتعلق بين الأشجار مع القردة كأني طرزان، ثم الجري على الرمال وركوب الحصان تارة والمشي بجانبه في ساعات العصر تارة أخرى، أحدثه عن كل ما يشغلني وكل أحلامي وكل مواطن ضعفي، وحين أسأله: أتفهمني؟ يهز رأسه ويزفر عاليًا.. نعم إنه يفهمني حتى لو لم يفهمني البشر.

وإن أردت الضحك أحضرت عنقودًا من العنب وظللت أداعب به الببغاء وهو يكرر كل ما أقوله له.

وبعد الفطور المتين المكون من الموز وجوز الهند والأناناس وعصير جوز الهند، أجري إلى الماء كأني لازلت طفلة لم تتعدى السابعة من عمرها وأسبح وأركب الدرافيل وأركب الأمواج، وأظل هكذا حتى تلفحني الشمس بحرارتها فتخمل عضلاتي وتثقل جفوني فأودع الدرافيل على لقاء في اليوم التالي إن شاء الله، وأجري سريعًا إلى شلال المياة العذبة فأغسل رأسي به كأني أغسل روحي وعقلي وقلبي، وأزيح همومي لأتركها تنزل مع الماء، وأذهب للتسبيح والشكر، والمرجحة على الأرجوحة بين النخلتين ساعة العصر، فأترك جفوني تثقل في الحقيقة كما هي في الحلم. ولكن ساعات تكون الهموم ثقيلة فلا تفلح هذه الحيلة، فأكمل تخيل يومي وأني قمت بعد نوم العصاري وأذهب لشَيِّ بعض السمك الشهي وشرب شراب دافئ، فأشعر به ينزل في جوفي حقًا يهدئ آلام معدتي ويخفف من آلامي ويدغدغ أعصابي ويهدئها. ثم أجلس مع أصدقائي نلهو ونلعب في الرمال ونحدث ضجة عالية ونغني بصوت جنوني كأنه مس من الشيطان ونطبل على أي شيء يُصدر جلجلة حتى نتعب، فيذهب كلٌّ منهم لبيته ويتركوني أنام على الرمال .

لقد خارت قواي تمامًا بعد هذا اليوم الطويل، فأترك عينيَّ تتمتعان ببريق النجوم في السماء وكأنها حفلة، كل نجمة تتلألأ للقمر لتجعله ينظر لها ويراها ويهتم بأمرها، ولعلهم يقيمون هذه الحفلة احتفالاً بي أنا.. لِمَ لا؟ فهم يرقصون من أجلي ومن أجل إسعادي وتسليتي، أو لعلها هذه هي صلاتهم وتسبيحهم إجلالاً لله، فأظل أنا أيضًا أسبح وأحمد وأشكر وأستغفر، وتبدأ فجأة النجوم في الاقتراب كأني أمسك عدسة مكبرة على كل واحدة وأبدأ أنافسهم في سرعة التسبيح، فأنا أريد للساني أن يكون أسرع من بريقهم، وتظل رأسي تلف وتدور بين النجوم حتى تبدأ نجمة محددة في

الاقتراب فترتكز عليها عيناي وتظل تقترب أكثر فأكثر وكلما اقتربت كلما زاد بريقها فلم تحتمله عيناي فأغلقهما قليلاً فقليلاً.. حتي أذهب في نوم عميق تملأه أحلام تجوال في الفضاء بين النجوم والقمر .

ولكن بعدما أتممت الثلاثين لا أدري لماذا تغير هذا الحلم، فأصبح عقلي يتخيل هذه الهموم وهؤلاء البشر على أنهم قيود تقيد يديَّ وقدميَّ فوق جبل عالي جدًا، وإذ بي أتحرر منهم لأجد لنفسي جناحين يحلقان بي في السماء فأضرب بيداي بقوة لأصل إلى الشمس فأجد نفسي بين السحاب وقد تخطيت كل الطيور وكل الأوز المهاجر ذي الشعر الأخضر والعقد الذهبي والجناحين الأسودين، وأرى كل الطيور تنظر إليَّ وتضحك ولا أدري لِمَ يضحكون. وبعد قليل أشعر بالتعب فأذهب لأجلس وأستريح على سحابة بيضاء كبيرة جدًا ولكني أجد نفسي أبدأ في الهبوط فأترك جناحيَّ مفرودين وأغمض عينيَّ وأبدأ في الشعور بالهواء وهو يطير وجهي ويتخلل شعري ليلامس رأسي وقلبي وروحي، فأنتعش انتعاشًا شديدًا واستسلم لتلك السعادة وأترك نفسي تهبط وأنا أُوَجِّهُ جسدي يمينًا ويسارًا وألهو مع الهواء وأنا أضحك، ثم أفتح عينيَّ لأرى كل شيء من فوق وكل الناس وكل المباني، فأطير وأحلق فوق كل شيء وأختار بقعة خضراء بعيدة بجانب نهر واسع وأظل أدقق بهذه الرقعة وأبدأ أراها تكبر أمام عيني بعدما كانت نقطة خضراء في لوحة واسعة، وكلما اقتربت كلما زادت شدة الهواء وعبأت به رأتَيَّ، وأترك نفسي للجاذبية فأجد نفسي أنام قبل أن أصل للأرض، وأظل طوال الليل أحلم بالطائرات والسحب والسماء الزرقاء الصافية والطيور المهاجرة على أني واحدة منهن، أهاجر مع سربي ولا أدري إلى أين، فقط أطير مع السرب في استسلام . و تصبحون على خير.

تغـار من نفسـها

شاهدت يومًا فيلمًا أجنبيًا مثل فيلم "اللي بالي بالك" لمحمد سعد،
يحكي عن سيدتين واحدة قصيرة بنية الشعر والأخرى شقراء
فارعة الطول، أصيبتا في حادثة، واضطر الطبيب المعالج لنقل
مخ السيدة القصيرة ذات الشعر البني إلى الأخرى، وتمت العملية
بنجاح. وعادت السيدة في جسدها الجديد إلى بيتها وزوجها الذي
كان يحبها بجنون وقد سعد بعودتها للمنزل حية حتى وإن كانت
في جسد أخرى. ولكن مع الوقت أصبح يبتعد عنها، فهو كلما
حاول لمسها شعر أحسَّ أنه يخون زوجته مع أخرى وقفز من
مكانه رغمًا عنه، ودائمًا مشغول في حجرة الكراكيب أو المخزن
أو الجراج، حتى نام يومًا في المخزن، فحين دخلت لتوقظه
وجدته محتضنًا أحد فساتينها القديمة وحوله صور كثيرة مبعثرة
لهما معًا، وكان الطبيب المعالج قد أمر أن تختفي كل هذه الأشياء
لتتكيف مع شكلها وجسمها الجديد، فأخذت كل هذه الأشياء
ورمتها حتى يراها ويشعر بوجودها ويحبها هي، فهي ما زالت
على قيد الحياة، وأصبحت تغار من نفسها وترفض شكلها القديم
وتحاول أن تتعايش مع حياتها الجديدة، ولكن حين علم زوجها
أنها تخلصت من أشيائها القديمة ثار وغضب وتركها وبكى
واعتذر لها أنه لا يستطيع الاستمرار، وإن كانت هي استطاعت
التعايش فهو لم يستطع، هو ما زال يحب زوجته القديمة بكل ما
كان بها، يحب شعرها البني وعينيها البنيتين الدافئتين، ولكن
شكلها الجديد يخيفه، فهو يكره الشقراوات ويمقت العيون الزرقاء
ويكره طولها الفارع الذي يلزمه كلما أراد تقبيلها أن يقف على
كرسي وكلما أراد محادثتها أن يرفع صوته ورأسه ليرى وجهها .

فقلت حينها أنه فيلم بفكرة غريبة يصعب تحقيقها في الحياة إلا في حالات نادرة كتبها القدر لهما، ونسيته إلى أن أعادته إلى ذاكرتي صديقتان لي، كلا منهما غارت من نفسها ودمرت حياتها بيدها .

الأولى مادلين، سيدة متزوجة من ممثل معروف، ممثل غاية في الوسامة والجاذبية، دائمًا تحيطه الشائعات إلى أن تزوجها فأصبحت تحيطه الفكاهات والنكات والكاريكاتيرات، فهو حين تزوجها كانت بدينة جدًا، وحين تسافر معه لحضور أحد المهرجانات كان يتعين عليه أن يحجز لها مقعدين، ودائمًا ما كانت تسمع سخرية الناس عليها وعلى جسمها وتَعَجُّبهم عما أعجبه بتلك ليترك كل هؤلاء الحسناوات ويتزوج هذه البدينة .

و يوما قررت أن تتحقق منه قبل اتخاذ أي قرارات حاسمة في حياتهما، فسألته لماذا تزوجها؟ وبدأ يمتدح أخلاقها ونسبها وإخلاصها وحبها وتفانيها له، فحددت السؤال عن ماذا أعجبه في شكلها، فتبسم واحتضنها وقال لها في أذنها: "أحب جلدك، جلدك ناعم كالرضيع كلما لمسته شعرت أني في الجنة، ألمس أحد الحور العين، فوصفهم مثل وصف جلدك، أشعر حينها أن جسمك كالمرمر أبيض شاهق البياض، حتى أني أحيانًا يخيل إلى أن أشعة الشمس تنعكس عليه لتزغلل عيني، جلدك مشدود وطري وناعم، أنا لا أشعر بسعادة سوى ويديكِ تحيط بوجهي فأغمض عيني وأمتع نفسي بالحرير الذي يلامس وجهي."

فبكت وشعرت أنه يقول هذا لأنه يراها قبيحة بدينة، لا يعجبه سوى الجلد، لم يتغَنَّ مطرب قط بهذا، فالرجال يهيمون بالعيون، الرموش، الشعر، الخصر، الشفاة.. إلخ، وأي شيء وكل شيء ما عدا الجلد!!

فشعرت أنه قال هذا فقط لكي لا يجرحها كأن لسان حاله يقول: "أنت كلك قبيحة دميمة لا يوجد بك شيء حسن سوى جلدك"، فقررت أن تقوم بعملية تدبيس المعدة حتى تصبح رشيقة جميلة يفتخر بوجودها بجانبه على صفحات الجرائد والمجلات بدلاً من أنها تسببت في انخفاض شعبيته ونجاحه، ونتج عن ذلك إعراض المنتجين والمخرجين عنه في الآونة الأخيرة .

فاستغلت فرصة سفره للتصوير بالخارج لمدة شهرين وقامت بعمل العملية، وبالفعل كانت مفاجأة له، وأصبحت هي أحد نجوم الصحافة والفن وتصدرت صورها الجديدة صفحات الجرائد والمجلات، ولكن حياتها الهادئة الدافئة التي كانت تعيشها مع زوجها أصبحت باردة مثلجة، لا يقترب منها ولا يلمسها، فكلما فعل ولمس الجلود المترهلة في بعض أماكن جسدها ولاحظ فرق درجات لون الجلد في أماكن متفرقة في جسمها نتيجة للترقيع وخلافه، قطب حاجبيه وقام ليجوب المنزل ويفتح التلفاز .

حتي ذلك اليوم، تعاركت معه حين رأته في الدولاب يقلب صفحات ألبوم قديم لشهر العسل والزفاف ويتحسسها بيديه في الصورة ويقبلها، فثارت وهاجت وماجت وقالت أنها فعلت كل هذا من أجله وأنها تحملت آلاما كثيرة حتى ترفع عنه الحرج والخجل أمام الناس ويفتخر بوجودها بجانبه أمام الناس وفي الصحافة، فأجابها بأنه لم يُرِدْ كل هذا، هو كان يحبها كما كانت، وطلب منها أنها لو استطاعت أن تعود كما كانت ويكون لها هذا الجلد القديم فلتعد.. وتركها بلا عودة!!

أما الصديقة الثانية نادية فكانت عكس مادلين، كانت خفيفة كالفراشة لا وزن لها تقريبًا، ولكن مع الحمل والإنجاب والطبخ

وقد تركت نفسها للمحمر والمشمر والمحشي والباشاميل والحلويات، فأصبحت بعد سنوات قليلة جدًا تشبه الفيل الصغير، وكلما دخلت المطبخ تفعل شيئا خرجت لتجد زوجها قد انفرد بنفسه في حجرة النوم يقلب صورهما أو يتفرج على فساتينها القديمة، أو خرج مع الأولاد ليشاهد أحد الأفلام التي سجلها لها بالفيديو وقت الخطبة وكتب الكتاب وبدايات الزواج .

كان سعيدًا جدًا معها وأحبها حبًا جمًا، ولكنها مثل الفيلمين السابق ذكرهما، غارت من نفسها، حاولت عمل ريجيم ولم تفلح، وتخاف العمليات الجراحية، ولكن كلما حاولت الاقتراب منه شعرت أنه لا يراها، إنما يرى الصورة العقلية التي رسمها لها، ولا يراها في الواقع، ولو لبست فستانًا يشبه فستانًا قديمًا كانت قد لبسته في شهر العسل مثلاً، شعرت أنه يراها قديمًا، في زمان وترتدي ملابس زمان، فغارت وأحست كأنه يحب إنسانة أخرى، إنسانة موجودة بعقله فقط وتحتل كل قلبه وليست هي .

فحين حكيت لها عن الفيلم، فبدلاً من أن تتعظ، فعلت تمامًا كبطلة الفيلم، وأخذت كل شيء أيام ما كانت رشيقة من أفلام وصور وملابس وخبأتهم في بيت والدها، وحين عاد من العمل ولم يجدهم ثار ثورة عارمة، وبالرغم من أنها كانت قد استعدت لهذا اليوم جيدًا بارتداء فستان جديد وتغيير لون وتسريحة شعرها وبالطبع بأكل متميز، إلا أنه رفض وغضب، وحين واجهته بأنها تشعر أنه لا يراها الآن بل يراها في الماضي، وهذا الشعور لا تحبه، فهي تشعر كأنه يحب امرأة أخرى وهي أمام عينيه، وأنه لابد أن يحبها على هيئتها وشخصيتها الحاليتين لأنه أيضًا شارك في تغيرها ووصولها لما آلت إليه الآن، فتسمر من كلامها ودهش وظل يراقبها بعينين محدقتين وفم مفتوح، فقررت أن تطرق الحديد وهو ساخن، فطلبت منه أن ينظر لها ويدقق ويقول صراحة إن

كان لا يزال يحبها أم لم يعد يحبها، فقام وهو في ذهول وظل يلف حولها، شعرت كأنه حقًا يراها لأول مرة، فقال بحسرة: "تصوري أني لم ألحظ تغييرك على هذا النحو سوى هذه اللحظة؟!! ربما لأنك كنت تتغيرين أمامي، كانت التغيرات من يوم ليوم ضئيلة جدًا ولا تُذْكَر، لم أكن أرى سوى نفسك قديمًا، حين رأيتك أول مرة وذهبت لأسألك عن أي شيء فقط لأسمع صوتك، وفاجأتني خدودك باحمرارها وأنارت ابتسامتك وجهك وحياتي كلها من حينها، أنت محقة أنا لم أكن أراك، بل كلما تطلعت لوجهك تذكرت هذا الوجه الجميل الذي أسرني ولم ألحظ من حينها كيف أصبح وجهك الآن، ولم أر قط قبل هذه اللحظة التي نقف فيها هذه التجاعيد التي علت وجهك ولا هذا اللغد، ولا هذه الترهلات التي علت خدودك من كثرة أكلك، ولا هذه الهالات السوداء من قلة نومك."

وبدأ ينظر لجسمها وشكلها بحسرة، وأجاب في حسرة وندم: "لِمَ فعلت هذا بي؟ لقد كنت أراك دائمًا كما رأيتك أول مرة، وكنت أحبك مثلما أحببتك في هذه اللحظة التي خطفتِ بها قلبي، وكان ما زال قلبي يدق كلما اقتربت مني مثلما دق ليلة زفافنا". ثم وقع على الكنبة المجاورة ووضع يده على رأسه وهو ينظر للأرض من هول ما أدرك وقال: "لِمَ جعلتني أراك الآن؟ لقد كنت أعيش حلمًا رائعًا معك كل يوم، وأنت تشهدين أني لم أفكر بغيرك منذ أن وقعت عيني عليكِ، لقد كنت أحبك جدًا، لِمَ جعلتني أفيق؟ لِمَ جعلتني أراك الآن؟! لِمَ غرت من نفسك؟! لِمَ دمرت أحلى حلم كنت أعيشه معك ولك ولأبنائنا؟."!

فأجابت: "أبناؤنا هم المشكلة، كلما تحدثت أنت عني أمامهم شعروا أنك تتحدث عن أخرى!! هم من جعلوني أدرك أني تغيرت كثيرًا منذ زواجنا للآن."!!

ووَقَعَتْ جالسة بجانبه فإذا بالكنبة تصدر صوتًا عاليًا إزاء ذلك، ولأول مرة يتنبه لهذا الصوت حين تجلس بجانبه، فالصوت كان دائمًا يحدث ولكنه لم يكن يسمعه، وسألها: "وماذا تريدين مني الآن؟."

فأجابت: "أريدك أن تحبني على ما أنا عليه، لا أستطيع العودة بالزمن للوراء ولا أستطيع أن أكون مثلما كنتُ لنبدأ من جديد، أحبني كما أنا."

فنظر بحسرة وأجاب وقد أغرورقت عيناه بالدموع كأنه سمع خبر وفاة حبيب: "لِمَ فعلت هذا بي؟ لقد كسرت قلبي وحطمتيه، أنا لم أقصر معك، لقد ضيعت حياتي، آسف أنا لا أستطيع أن أحبك على الحال الذي وصلت إليه الآن، حتى لو كنت أنا كما تَدَّعِينَ لي اليد العليا والسبب الرئيس لوصولك لحالك هذا، لكني الآن أشعر أني أحببت وتزوجت امرأة وأعيش مع أخرى لَمْ أحبها، لقد أدركت الآن فقط كيف تغيرتِ في الشكل والطباع. كنت دائمًا أشعر بتغير طبعك وتبديله ولكني كنت أكذب نفسي وأسيطر على عقلي بسبب حبك الذي كان بقلبي وأصر أن أراك بصورتك العقلية التي في رأسي وأكذب عينيَّ وأذنيَّ .

ولكني أعدك ألا أقصر في واجباتي ولا أترك البيت، وأعدك أني سأحاول أن أحبك على حالك هذا، ولكن إلى أن يحدث هذا، لن أقصر في مودتي ولا رحمتي ولا قوامتي، ولكن لا تطلبي أكثر من هذا ولا تطلبي أن أسرع في مشاعري نحوك، دعي الأمور تأخذ مجراها ."

وسكت ثم استطرد قائلا: "ليس أمامي خيار، أنا لم أحب غيرك، ولن أحب غيرك، وإن كنت لا أستطيع أن أحبك الآن، فلا زلت لا أستطيع تركك ولا ترك أبنائنا."!!

ولكنها قالت لي: "بالرغم من أنه لم يسأل على أشيائي القديمة قط مرة أخرى منذ ذلك اليوم، وبالرغم من أنه وعد ولم يقصر في أي من واجباته نحوي ونحو أولاده، إلا أنه فقد ابتسامته إلى الأبد وأصبح يتكلفها، وأشعر أنه يضغط على أعصابه ونفسه لتستمر الحياة!!

إني أندم الآن على ما فعلت. ليته ظل يحب صورتي التي كانت في رأسه، كان يفعل كل شيء بقلبه وكان دائمًا مرحًا، الآن أصبح يفعل كل شيء حتى لا يقصر في شيء، تأدية واجب وليس حبًا."

الحـــرية

منذ أن بدأت مراهقتها وهي متمردة صعبة المراس لا يوجد على لسانها سوى: "أريد أن أكون سعيدة، أريد أن أكون حرة". وشعرت أنها ستحصل على سعادتها حين تحصل على كل حريتها. وذهبت وبحثت فوجدت أن معنى الحرية المتفق عليه في كتب الفلسفة: "أن تفعل ما تريد وقتما تشاء طالما لا تؤذي أحدًا ولا تؤذي نفسك."

فخرجت مع أصحابها فغضب الأب والأم، فحنقت وضجرت وحين جلست مع الضيوف بالبيت وتحدثت بحريتها غضب الأب والأم فغضبت وضجرت واختنقت، هي لا تريد أن ينتقدها أحدًا ولا أن يملي عليها ما يجب أن تفعله ولا ما يجب أن تقوله، هي حرة تفعل ما تريد وتقول ما تشاء ولا تريد أن يحاسبها أحدًا.. يكفي حسابها لنفسها. فقرأت عن غاندي، جيفارا، مارتن لوثر كينج، مالكوم إكس، سعد زغلول، أحمد عرابي، مصطفى كامل، وأبطال الثورة الفرنسية وكل من تمرد في أي زمان ومكان .

هي تريد الحرية، وبدأت تطرق لها فكرة الحب والزواج فربما لو تزوجت ممن يحبها ويؤمن معها بأفكارها لأعطاها ما تحلم به. ووجدت من وعدها بالحرية التي تطمح لها وأن تكون على راحتها تمامًا وألا يحدثها إلا فيما تحب وفيما تهوى، فظنت أنها وجدت ضالتها أخيرًا، وبهذا ستبتعد عن استبداد الأب والأم فأحبته وتزوجته، ولكن حين بدأت تتصرف بحريتها غضب الزوج فهو يحبها ويغار عليها، وبدأ يفرض عليها ألا تتحدث مع هذا وألا تصاحب تلك، وحتى أهلها بدأ يبعدها عنهم فهو يحبها حبًا جنونيًا ويغار عليها من أصحابها ومن أصحابه ومن أهلها ومن أهله، يغار عليها من نفسها ويغار عليها حتى من نفسه،

94

ويرى أن هذا حقه بحكم أنه زوجها، من حقه أن يحبها ويغار عليها ويخاف عليها ويحميها، من حقه أن يطالبها ألا تنشغل بأي شيء غيره وأن تترك كل ما تحب من أجل حبها له، وأن يكون هو أول أولوياتها، بل الأولى أن يكون هو الاهتمام الوحيد بحياتها. خاف أن يفقدها ففقدها، خاف أن تحب أحدًا أو تنشغل بشيء أكثر منه فهربت منه .

وظنت أن الحرية في الطلاق والبعد عن الزوج، واعتقدت أن الطلاق من الانطلاق، فانطلقت مع أصحابها تخرج وقتما تحب وتعود عندما تشاء وتفعل كل ما يخطر لها على بال، فإذا بالأصحاب الذين يحبونها ينتقدونها ويحاسبوها على تصرفاتها، فغضبت.. هي لا تفعل الحرام ولا تغضب الله وتحاسب نفسها على ذلك وهذا يكفيها، ليس عليها إرضاء المجتمع والناس والحصول على استرضاء وختم من الجميع بالموافقة على أفعالها وأفكارها .

فقررت العزلة، وظنت أن الحرية ليست في الانطلاق إنما في البعد عن المجتمع بعاداته وتقاليده البالية الخانقة، وبعدت عن الأصحاب الذين كان أغلبهم متطفلين يسألون ويدققون وينتقدون وينمون ويمطون شفاههم، مستحيل إرضاء الجميع وهي لا يهمها أحد، هي تبحث عن نفسها وكيف ترضيها، تؤمن بالحرية وتبحث عنها ما لم تفعل الحرام فهو حق مكفول لها .

فانعزلت وحبست نفسها بإرادتها في منزلها وفعلت ما كان يطلبه الزوج أساسًا وتركته بسببه، فإذا بدقات الساعة تخنقها والأيام تفترسها والوحدة تنهشها، فكسرت الساعات لا تريد أن تعرف ساعات يومها، وأغلقت الشبابيك لا تريد أن تعرف نهارها من ليلها.. ولكن كيف هذا؟؟!! هي لا تترك فرضًا ولا تريد فعل ما لا

يرضِ الله عليها، هي تبغي الحرية فقط فكيف تحدث هذه الحرية دون أن تعرف مواعيد الصلاة ولا معرفة الليل والنهار فتأكدت أن ما تفعله خطأ.

فبكت وصَلَّتْ واستغفرت وظلت تبكي عمرها الذي راح تبحث فيه عن الحرية المطلقة وهي تعلم جيدًا أنها أمة وأن الحرية التي تبتغيها كانت أمامها طوال الوقت، أحست بكل السعادة وبكل الحرية وبكل الأمل وبمنتهى الحب والحنان والرحمة، عنئذ فقط علمت أن :

الحرية ليست في التحرر وإنما في الإخلاص في العبودية..

وليست بالغرور بالنفس وإنما في منتهى إذلال النفس لله..

وليست في فعل ما تحب وإنما في عدم فعل ما تحب ما دام لا يحبه الله..

وليست في الأكل وإنما في الصوم..

وليست في الكلام والرقص والغناء وإنما في الصمت والتفكر..

وليست في تلبية كل ما تشتهي نفسها وإنما في نهي النفس عن هواها..

وليست في التمرد وإنما في في الطاعة..

وليست في حب الناس وإنما في حب الله..

وليست في الامتلاك إنما في العطاء..

وليست في الشراء وإنما في الصدقة..

وليست في متع الدنيا وإنما في زهد الدنيا..

وليست في القوة والسلطة والنفوذ والأموال وإنما في الضعف والانكسار والاستكانة والفقر لله وحده..

وليست مع الناس.. إنما مع الله..

عندئذ فقط أحست بالأمان والحرية والسعادة ففتحت الشبابيك وعلقت الساعات، فكل سعادتها هي رضا ربها عليها فهو وليها وصديقها وحبيبها وحنانه يغمرها، فهو أحن من الأم على وليدها، وعادت لأبيها وأمها وزوجها وأصحابها ومجتمعها فهي تعرف طريق سعادتها وحريتها، وبدلاً من هؤلاء الذين كانت تقرأ عنهم بدأت تقرأ عن سيدنا محمد والرموز الحقة للقوة والحرية وضبط النفس من الخلفاء الراشدين والصحابة .

الحرية في الاختيار.. والاختيار صعب وتنفيذه أصعب .

وقفـــات

هناك أيام في حياتي كنت أشعر أن الزمن سيتوقف عندها ولن يتحرك أبدا !!
أيام أظل أتابع وأتابع ما يحدث من تغيرات في حياتي ولا أفعل شيئًا، أكون فقط مشاهدة أو على أفضل حال أكون مفعول به أنفذ ما أؤمر به، لأن التغيرات تكون أكبر من عقلي أن يدركها.
أكون طوال الوقت مشدوهة ومأخوذة بما أرى، لا أستطيع التفكير أو الكلام أصبح حينها كالببغاء أكرر فقط ما أرى وما أسمع، وعيناي دائمًا مفتوحتان على مصراعيهما ومحدقتان في كل كل شيءٍ وأي شيء، يحاولان التقاط قدر ما تستطيعان، علِّي أفهم شيئًا.
ولكني لا أفهم إلا بعد مرور وقت طويل ولا أتكلم إلا بعد هدوء الحياة وعودتها إلى التكرار والرتابة على وضعها الجديد.

هذه الأيام كانت مثل أيام حرب العراق والكويت.. كنت حينها تقريبًا في الصف الرابع الابتدائي، وظللت مذهولة أيامًا عديدة لا أريد النوم محاولة فهم معنى كلمة حرب واستيعاب كل هذا الخراب والجثث ومتابعة أخبار أصدقائنا الذين عادوا هربًا بملابسهم وتركوا وراءهم كل ما يملكون، حامدين الله على أنهم لم يفقدوا أحدًا منهم، وقلق كل أصدقائنا على أولادهم الذين في سن التجنيد، وأحاول استيعاب المذاكرة بالمنزل بدلاً من المدرسة حين تم إغلاقها لفترة، وقلق الناس مما قد يحدث في مصر، وهل ستنقض إسرائيل علينا في هذه الأثناء بعد سفر الكثير من شبابنا وجيشنا للكويت؟ وتصور هذا يحدث في مصر، وانتظرت شيئا

جسيمًا يحدث.. ما هو؟ لا أعلم.. ربما كنت أنتظر الحرب أو بمعنى أدق كنت أنتظر الموت.

ولكن الأيام مرت وعادت لانتظامها ورتابتها، وعدت للأكل والشرب والنوم والكلام والحياة، كما طلبت الحياة أن تكون ولم يقف الزمن.

ثم حدث هذا الشعور ثانية حين توفي والدي قبل امتحانات الثانوية العامة بأسبوعين، وشدهت ثانية وسرحت وظلت عيناي مفتوحتين لا أفهم.

لم أفهم حينها كيف لن أرى والدي ثانية، وكيف لن أسمع صوته.. ولكني بدأت أتدارك وأفهم أسرع من الحالة الأولى.

كنت أفهم في كل مرة أضع الأطباق على السفرة كما كل يوم، خمسة أطباق.. ثم أصحو من غفوتي وأسحب الطبق الخامس لأعود به إلى المطبخ ودموعي تبلل خدي، فأمسحها سريعًا قبل أن يراها أحد من أسرتي، كنت أفهم في كل مرة أستيقظ بها في الصباح الباكر وأنادي كعادتي: "دادي دادي دادي" ثلاث مرات فلا أجد أحدًا يجيب ولا أحدًا يفتح باب الحجرة ليدخل لينام بجانبي في السرير لنقرأ معًا وِرْدَ اليوم من الدعاء المستجاب، فأخرج من حجرتي لأجد الكل نائم وأنا وحدي، فأعود وأطفئ النور وأتغطي وأغمض عيني وأبكي وحدي، وأتذكر خروجي مع والدي باكرًا قبل أن يستيقظ أحد، للذهاب للتنزه على النيل والفطور وحدنا في العربة، أو الطلوع على سطح المنزل لمشاهدة شروق الشمس بعد صلاة الفجر، أشياء قد يراها الناس صغيرة وتافهة ولكنها بالنسبة لي كانت الحياة.

حين توفي والدي لم يراني أحد أبكي، بل رأى الجميع فتاة صلبة عنيدة.. كنت أعاند كل من يشفق علي وأتغطرس عليه وأعامله باستعلاء كريه، ولم أقابل الذين أتوا للعزاء، فأنا رأيت أناسًا لم أعرفهم قط يبكون بحرقة، فعرفت أن كُلٌّ يبكي ذكرياته وآلامه

99

ولا أحد يهتم بمعرفة ما يؤلمنا نحن، فقررت ألا أسمح لأحد أن يتحكم بمشاعري ويجعلني أبكي وقتما يقررون البكاء، وتأكدت أني على حق حين رأيتهم يمطون شفاههم حين سمعوا بنجاحي الباهر في الثانوية العامة، واتهمني الجميع بأني لم أكن أحب والدي لأني استطعت أن أركز في امتحاناتي ووالدي قد توفي. لقد أضعت عليهم فرصة ثمينة للبكاء ثانية والشعور بالحسرة ومد يد العون، فتجاهلتهم أكثر فهم لا يفهمون أنه ما زال حيًا، فأنا لم أكن فهمت بعد معنى الموت وأقنعت نفسي أنه مسافر وسيعود، وكنت أراه في البيت وأراه في أحلامي طوال الليل.

وهم أيضًا لا يفهمون أهمية الدرجات والتفوق في المذاكرة بالنسبة له، ولا يقدرون كم ضحى وتعب من أجل ذلك، وكيف سيكون عمره قد راح سدى، وكم سيتألم لذلك، ثم هم ليسوا مهمين.. هو من يهمني وهو يشعر بي حتى لو لم يشعروا هم.

ومرة ثانية ظللت أنتظر حدوث شيءٍ ما، ولكني كنت أعلمه هذه المرة.. أنا حقًا كنت أنتظر الموت حينها ولكنه لم يأت.

كان الجميع ينتظر وفاتي أنا لأني كنت مريضة حينها وطريحة الفراش لشهرين قبلها، ولكن الموت أخذ والدي ولم يأت بعد لأخذي.

والأيام مرت وعادت لانتظامها ورتابتها، وعدت للأكل والشرب والنوم والكلام والحياة، كما طلبت الحياة أن تكون.

و لم يقف الزمن..

ثالث مرة تكررت هذه الحالة حين قامت ثورة الياسمين في تونس، فظللت أتابع كل ما يحدث وأكرر كلما أسمع وأنا لا أفهم.. كنت مترقبة وخائفة وسعيدة وحالمة.

مشاعر كثيرة متداخلة ومتناقضة..

كنت أترقب ما يحدث هناك، وما يحدث في مصر من صدى ذلك..

كنت خائفة من تدخل الجيش مع الشرطة وقتل الملايين لردهم وتجرئهم على الرئيس الطاغية، الذي أنزل الجيش فعلاً لأنه مَلَّ سماع المظاهرات في الشوارع لمدة شهر، لا يتعبون ولا يسأمون ولا يفقدون الأمل من التظاهر، ولا يشعرون أنه لا جدوى مما يفعلون.. ولكن حمدًا لله خذله الجيش وبدلاً من القيام بمذبحةٍ لتأديب هذا الشعب الذي جُنَّ جنونه وفقد عقله، خذل الرئيس المتعجرف وأنقذ الشعب من التهلكة.

ما زلت أترقب وأدعو أن يخلفهم حاكمًا عادلاً يخاف الله، وألا يختاروا طاغية آخر ومستبد جديد.

وسعيدة أنه ظهر أمل واضح وجلي وانكسر الخوف من الموت ومن الطغاة ومن الصمت الذي أطبق على أنفاسنا.

سعيدة بتنفس الحرية وإحساس الانتعاش الذي تهلل في وجوه الناس أجمعين.

وكنت حالمة لما قد يحدث في مصر، وبدأت أدعو من عميق قلبي، وترقبت تغيرًا سريعًا قد يحدث وحلمت بشئ كهذا قد يبدأ بعد التجمع الذي حدث أمام سفارة تونس، وظننت أن هذه قد تكون هي البداية ولكن .....

وظللت أعد الأيام ليوم ٢٥ يناير وحتي لويحدث شيئًا في هذا اليوم في مصر كنت سأظل أحلم ويقينًا داخليًا أن الله لن يخذلنا، و بالفعل لأننا غيرنا ما بأنسنا فغير الله ما بنا و حقق لنا أكثر مما كنا نحلم أو تنخيل و قامت ثورتنا الجميلة و أصبحنا أخيراً نستطيع أن نحلم و نملك القدرة علي الأحلام و تحقيق ما يفوق أحلامنا. إرادتنا بأيدينا و استعدنا الثقة بأنفسنا، الآن الله يعطينا الفرصة، يا رب أرجوك ساعدنا و أعنا حتي لا نضيعها بأيدينا أيضاً.

من الآن سأحلم و أحلم و أحلم بعدما كنت كلما حلمت بكيت و تحسرت أن كل ما برأسي سيبقي فقط أحلام و خيال و لن يتحقق

أبداً. الآن أصبحت كلما رأيت مكاناً جميلاً أو مشروعاً عظيماً بغربتي أدعو الله يقيناً أن يتحقق ببلدي و أري فيه أهلي يتمتعون و يسعدون بعدما كنت أنحسر و يبكي قلبي و أتعجب لما لسنا هكذا لماذا لا يوجد كهذا في مصر، و أظل أقارن بين من أرى و المصريين فأشعر أننا أحق بهذه الحياة الكريمة الرغدة السعيدة، نحن أطيب نحن أجمل نحن أكثر رضا، و لكن هناك فرق بين الرضا و الرضوخ، أثبتت الثورة أننا شعب أبي يرضي بالقليل لفترة يستجمع بها قواه لنيل ما يستحق و لا يرضخ لما لا يليق له.
سأحلم أن كل واحدٍ يعيش في بيوت فسيحة وجميلة، والكل يأكل أكلاً شهيًا ويعمل ويجد وقتًا لأسرته.. لا يعمل ليل نهار ليمنعهم ذل السؤال، قدر الإمكان. وأننا نستطيع العودة للتمتع مع عائلاتنا وأصدقائنا دون الغربة، ويكون بإمكان الجميع شراء ملابس وأكل وكتب وتعليم ولعب لأبنائهم، و..... أن يعيش الجميع.. يعيشوا كآدميين!
الحرية بعثت في القلوب والأرواح، والتغيير قادم إن شاء الله.
و لكن هذه المرة الأيام لم تمر و لم تعد لرتابتها، و لم أعد للأكل و الشرب و النوم و الكلام و الحياة، فالحياة طلبت أكثر من هذا .. ولم يقف الزمن بل مر دون أن ندري أو نشعر أو نعرف الأيام من بعضها لأنها كانت كلها متصلة لا نوم فقط متابعة و صلاة و دعاء و مشاركة بكل ما نملك من أموال و مشاعر و هتاف و متابعة و مجازفة.
نعم كنت بخارج البلاد أنا و زوجي و ابنتي و أمي و لكن لأول مرة منذ سفري أشعر أن كلنا بمصر مع كل أهلي و أصدقائي هناك و مع كل أصدقائي المشردين في بلاد الله، لأول مرة بحياتي أشعر أننا لم نعد جزر فرقتها الحياة بل جزيرة واحدة و قلب واحد، كنت أتحسر علي عدم تواجدنا بميدان التحرير آنذاك و لكني حين ذهب زوجي للمظاهرة مع بقية المصريين في

نيويورك سيتي رغم أن البرد وقتها كان كالسكاكين ينخر في العظام و رأيت أصدقائي في كل بقاع الأرض يتظاهرون شعرت أننا جعلنا ميادين العالم كلها ميدان التحرير و كلما تحدثت الصحافة هنا مع زوجي شعرت أننا حقاً نحسن صورة مصر بالخارج التي كانت تهمة يستهلكها النظام "المخلوع" في الداخل و كانت مصر تذكر في الخارج في برامج التاريخ و السخرية فقط، كانوا يسخرون من هذه الملايين التي دفعت بحجة علاج الانفلونزا !!

لأول مرة أشعر أن لنا قيمة و أن الكلمة فعلاً سلاح فتاك يجب أن يخافه أي حاكم ..

لم ننم .. كنت كلما أغفو أرى نفسي بميدان التحرير، كنت أفزع كل دقيقة على أهلي و أصدقائي وعلى من كانوا طلبة لي وأصبحوا أصدقائي، كل يوم أحدهم يكتب عن قريب له أستشهد أو جار أو زميل عمل، كنت أبكي، كنت أدعو و أتعذب لكل من أعرف و أعتقل أو بات بين جنازير الدبابات أو أهين بأي طريقة كنت أصلي و أدعو لأناس لم أعرفهم قط بحياتي و لكنني أحببتهم دون أن أراهم، كنت أغبط الشهداء و أتحسر علي نفسي أني لست معهم و أستغفر و أصلي صلاة الغائب لهم و لي و أدعو أن يجمعني بهم في الجنة و أن يتقبلهم منا شهداء يتشفعون لنا يوم القيامة .

لن نسكت و لن تمر الأيام و لن يضيع حق الشهداء و الله المستعان .

كيف جعلونا كلنا خالد سعيد

قصة مستوحاة من حديث شخص ليس له في السياسة ولكنه نزل في المظاهرات وساعد في تنظيف الميدان.

" قمت من النوم وأنا في غاية التعب كأني لم أنم وكأنه لم تغمض لي عين، كانت هناك أحلام أو كوابيس، لا أستطيع التحديد بعد، فكل شيء معبأ بالغمام في عيني.. "عيني"؟! لا.. لأكن أدق لأساعد نفسي على الفهم، كل شيء كان معبأ بالغمام في رأسي، وهكذا كانت كل الأجواء وأنا نائم، لا أشعر سوى أني منهك تمامًا، وأنهج ولا أستطيع التنفس من كثرة وسرعة الجري. نعم، لقد كنت أجري وأنا نائم، ها قد بدأت ملامح الحلم تظهر .

نظرت إلى الموبايل: انها الساعة ٨:٣٠ صباح يوم ٣١ يناير ٢٠١١.. ذهبت واستحممت ونظرت لنفسي بالمرآة بعد أن مسحت بخار الماء بيدي: "من أنا؟" فتذكرت وجه حماي وهو يقول: "أكثر مايعجبني بك ياابني أنك معتدل، لست متطرفًا في شيء، ولا لك في السياسة ولا ملتحي ولا سلفي ولا إخوان، ولا لك في السجائر ولا في المخدرات، ولا لك في المشي البطال، راجل بتاع بيتك وشغلك وبتصلي فروضك.. أنا كده أبقى مطمن على بنتي معاك."

نظرت فوجدت عينيَّ تلمعان، أنا لم أرهما تلمعان على هذا النحو من قبل.. شعرت أن شكلي وسيم بالرغم من عيني المتورمة الزرقاء، والجروح المتفرقة في الوجه، والشفاة المفتوحة التي لا يزال بها آثار دماء، والسنة التي تكسرت .

فارديت أعز ملابس عندي وقلت لنفسي: "أحب أن أستشهد وأنا في هذه الملابس". وصليت وخرجت فوجدت والدتي تشاهد التليفزيون، فقبلتها في جبينها وحين سألتني في فزع: "إلى أين تذهب؟"، ابتسمت وأجبت: "ذاهب إلى ربي لعله يهديني".. فظنت أني ذاهب المسجد، ولكني ذهبت لميدان التحرير .

ونزلت إلى الشارع غير عابئ ولا أخاف شيئًا، أشعر أني قوي.. وفجأة تذكرت، لقد رأيت هذه اللمعة في عيني بالأمس، ولكنها لم تكن لمعة عينيَّ بل كانت لمعة السكين الذي كان بيدي في محل البقال، محل البقالة هذا يقع تحت بلكونة شقتي، وسمعت البقال يصرخ ويستغيث من أحد البلطجية الذين دخلوا للاعتداء عليه وسرقته، فهرعت مسرعًا، فهو رجل مسن وطيب وطالما أغدق عليَّ بالحلوى وأنا صغير، وكان دائمًا يُرَبِّتُ على كتفي وأنا شاب أقف مع أصحابي ويقول لي: "أنا فخور أنك قوي ولا تتأثر بأصدقاء السوء هؤلاء.. ليتك تتركهم!". فأضحك وأقول له: "إنهم أصحاب طفولتي وجيراني ياحج محمد.. كيف لي أن أتركهم؟."

فدخلت المحل ووجدت هذا الحيوان يتهجم على عم محمد ويضربه، ولمحت السكين على ماكينة تقطيع الجبن الرومي، ولكني خفت لحظتها أن أمسك بها، ومع سرعة الأحداث هجمت عليه من الخلف وبدأت أضربه، ولكنه طرحني أرضًا وظل يركلني ويحملني ليضرب بي أي شيء بالمحل، فخبطني في مرايا الحائط لأكسرها برأسي، ورأيت دمي ينتشر على الأجزاء الصغيرة المنكسرة ليتضاعف بشكل منهمر أمام عيني، فظننت أني أموت، وتركني لأقع على الأرض. وفجأة وجدت قوة في يدي وجسمي لم أعهدها من قبل، فقمت ولطمته في وجهه لطمة رجل يحارب "من أجل البقاء"، ففتحت شفته وسال دمه على وجهه وملابسه، وتحول إلى ثور هائج أصدر آهة عالية جدًا

105

وجرى تجاههي ويده تحاول أن تصل إليَّ، فجريت واحتميت ببنك المحل وصرخت: "اجري ياعم محمد"، وحميت رأسي بيدي وانطويت على الأرض، وفعلاً كما توقعت، رمى على رأسي كل ما كان على البنك، وقفز عليَّ ليطبق في رقبتي، فجريت ولكن هذه المرة في اتجاه السكين، ومسكته ولمحت لمعة السكين تنعكس في عيني في المرآة التي وراء البلطجي وأنا أنظر إليه، وحدثتني نفسي أن أقتله، وشعرت بنشوة غريبة تنتشر في أنحاء جسدي من رأسي إلى يديَّ وقدميَّ، ودار حوار مع نفسي، وقلت سأضع هذا السكين في كرشه ليخرج هذا اللون الأحمر الزاهي ليقضي على كل آلام جسدي، بل على كل مشكلاتي وكل مشكلات مجتمعي. وبدأت أشعر بزهو أني الأقوى وأني البطل وأني المنتصر، ولكني أفقت على نظرة رجاء في عين البلطجي وهو يقول: "أوامرك يابيه أنا عبد المأمور".. وكأنه كان يسمع حديثي مع نفسي، وهممت لأضعها لتستقر في بطنه ليخرج اللون الأحمر الزاهي وتستقر أعضاءه وتهدأ أنفاسه وتضيع آلامي مع استقرار أنفاسه، ونظرت للسكين ولكني تذكرت أمي وهي تقول: "لا تهزر مع أصدقائك بالسكين، إن الشيطان يقف على رأسها ليدفعها بيدك في جسم صديقك"، فصرخت في وجه البلطجي: "اجري أحسن أموتك"، فخرج مسرعًا، وما أن عدا بجانبي حتى أسقطت السكين من يدي على الأرض. لم يكن هذا حديثًا مع النفس بل مع الشيطان، كم أن القتل صعب. لحظة.. هي لحظة أقل من الثانية وكنت سأتحول إلى قاتل، حتى لو رآني الناس بطلاً فسأظل أمام نفسي قاتل. وتذكرت حديث والدي عن أن أكثر مشكلة في الحرب مع إسرائيل كانت إقناع الجنود البسطاء بإطلاق النار. كانوا يفضلون أن يستشهدوا على أن يقتلوا شخصا لا يعلموه. فصعدت لبيتي والجميع يشكرني ولكني لم أكن أسمع أحدًا.. ودخلت حجرتي ودخلت أمي ورائي وهي تحمل الثلج وتحمد الله أنه لم

يحدث لي مكروه، وكيف أنها كانت ستستطيع أن تعيش من دوني.

وفتحت الجهاز وكل ما برأسي كانت صورة خالد سعيد، وفجأة ظهرت إجابة "من أنا؟".. أنا شاب معتدل كما يقول حموي، ولكني اشتركت في هذه المجموعة لأني رأيته عملاً إجراميًا مشينًا.. وكنت أقرأ مقالات الكتاب المعبرين عن المعارضة من باب العلم بالشيء.. وصحيح أني لا أدخن، ولكني أتمنى لو دخنت. وأصدقائي أصدقاء سوء لأني أحب مشاهدة منظر السيجارة في أيديهم، صحيح ليس لي في المشي البطال ولكني أعشق النساء، وكنت أتمنى أن أكون في عصر الجواري والسبايا ليكون لي حريمًا كثيرة تحت إمرتي. لم أشترك يومًا في مقاطعة المنتجات الأمريكية لأني أحب البيتزا، وما كنت أرى نفسي لا شجاعًا ولا قويًا ولا جبانًا ولا متخاذلاً.. أنا إنسان عادي يعيش مثلما يعيش الناس، وسيموت وقتما يريد الرحمن. لا أفكر بالحياة ولا بالموت ولا أهتم بإجابة سؤال: "ماذا ترى نفسك بعد ٥ سنوات؟"، ولا "ما هي أهدافك في الحياة؟"، ولا "ماذا فعلت للإسلام؟."

كنت أراها أسئلة تسألها البنات ليقررن من سيكون "العريس المستهدف"، ولكن الآن حين نظرت لصور خالد سعيد وجدتني أراها بصورة مختلفة تمامًا.. وحين قرأت عنوان الجروب على الفيس بوك، كنت كأني أقرأه لأول مرة "كلنا خالد سعيد". نعم.. كلنا خالد سعيد. أنا كنت دائمًا أقول لنفسي إنه كان بالتأكيد على علاقة بمن قتلوه، سواء كان يحاول التصدي لهم كما يقول مؤيدوه أو أنه كان يتاجر معهم كما يقول المزورون في شهادات التحقيق. فقلت لنفسي وأنا أنظر إلى صورته وأتخيل كيف ضربوه وحملوه ليخبطوا رأسه في سلم العمارة تمامًا كما فعل معي البلطجي

107

وحملني وخبط رأسي بالمرايات: إنهم مدربون على ذلك.. نفس طريقة الضرب والقضاء على النفس .

بدأت أسمع ضحكاتهم والدم يقفز نوافيرًا من رأسه، وأشعر بالنشوة التي سرت في أجسادهم كأنهم مخمورين وهم يسمعون صوت تحطم جمجمته، ويبدو أن صوت أسنانه وهي تصطك ببعضها أزعجهم وقد كان سيجعلهم يفيقون من نشوتهم ويفقدون متعتهم ولذتهم، فقرروا تحطيمها حتى لا تزعجهم مرة أخرى. وتخيلتهم يقفون أمام بعضهم البعض، يلكمونه في وجهه مثل أفلام عادل إمام القديمة ودمه يسيل من فمه لِيُغْرِقَ ملابسه وأيديهم، ولأول مرة أدرك معنى: "أيديهم ملوثة بدمائه ."

ولم أكن أشعر ولا أدري بأي شيء من حولي.. كنت مشغولاً بما في خيالي ورأسي من أفكار وبما في جسدي من آلام، ولم أفق إلا وأمي تغلق الجهاز وتصرخ في وجهي وتوبخني على فتح هذه الصور وهي موجودة، فنظرت لها بتعجب على أنها لا زالت لا تستطيع فهم أني ربما كنت سأكون هكذا، وربما في وضع أسوأ.. الله أعلم. لماذا لا تفهم؟؟ لماذا لا تريد أن تتخيل أو أن تفهم؟؟
فقمت ودخلت السرير وفتحت الدرج الذي بجانبي وابتلعت عدة مسكنات لأنام، لأحلم أني أجري هيبة من تلك الوجوه التي قتلت خالد سعيد، ومنهم كان بلطجي أمس، في أجواء كلها ملبدة بالغيوم والضباب والحيرة والفزع والألم..

الفـراشــة

فراشة رائعة الجناحين ظلت تحوم حول الشمعة ظنًا منها أن النور يزيدها روعة وجمالاً..

ظلت تقترب مزهوة ومأخوذة كالمسحورة..

لم تفق إلا على الألم الذي شعرت به حين احترق جناحاها ..

فما عادت تستطيع الطيران..

وما عادت تُسْعِدُ من يراها..

لم تعد تلفت الأنظار التي كانت قديمًا تتجاهلها حينًا وتضيق بها حينًا أخرى، وتزهو بها حينًا ثالثة.. ولكنها تفرحها في أغلب الأحيان..

وما عادت ترى الابتسامة التي تعلو الوجوه حين تقع أعينهم عليها..

وما عاد أحد يتبعها مثلما في الماضي..

فهي أصبحت قابعة في مكانها تخاف الحركة لِئَلا يلمحها أحد.. تشتاق للنور مرات فهو حبها، ولكنها أصبحت تخافه منذ أن حرقها..

تمنت الموت مرات ولكنه لم يحن موعده بعد..

أُشفق عليها لخوفها وتسمرها في مكانها، وأحزن لأجلها ولا أدري كيف أساعدها وأرد جميلها..

طالما تَبِعَتْهَا عيناي وتأملتها.. لقد كانت دومًا تملأ أيامي قديمًا ألوانًا وبهجة..

ورأيت فيها كيف يكون الجمال في صمت، وكيف يكون الحب في خشوع..

وكيف يكون النور في النار، وكيف يكون الحب مع منع الاقتراب.. وكيف يكون العذاب في احتراق الاقتراب..

وكيف يكوت الموت في الحياة، وكيف تكون الحياة في الموت!

ازدراء اللغة العربية

قبل أي شيء أحب أن أُنَوِّه إلى أن هذه المقالة تُعَبِّرُ عن رأيي الشخصي خلال ما مررت به في حياتي .

سأبدأ بأن أحكي لكم قصة طريفة حدثت بعد دخولي الحضانة بأيام، إذ طلب مني أبي رحمه الله أن أصلي بصوتٍ عالٍ ليتأكد أني أصلي صلاة صحيحة، وكان يطلب ذلك بين الحين والحين، حتى أتممت السادسة من العمر.. (كان يعتقد أن الذاكرة قد تُسقِط أشياءً قبل هذه السن). وجدني عند الانتهاء من الصلاة أسلِّمُ على يميني قائلة: "باي باي"، ثم ألتَفِتُ إلى يساري قائلة: "باي باي" بدلا من "السلام عليكم ورحمة الله"، فانفجر ضاحكًا، وضحك كل من بالبيت. وحين سألني عن سبب هذا، قلت إنه في المدرسة حين جاء ليأخذني في نهاية اليوم قلت مودعة أصحابي: "السلام عليكم"، فنَظَرَتْ لي إحدى المُدَرِّسَات باشمئزاز وقالت بالإنجليزية: "هذه مدرسة لغات.. قولي باي".. ثم قالت بصوتٍ منخفضٍ لكن مسموعٌ بالعربية: "بلدي". والعجيب أن كلمة "بلدي" آنذاك معناها شيء سيء؟؟!!

فكان طبيعيًا جدًا أن يتم في عقلي الصغير استبدال كلمة "السلام عليكم" بـ"باي".. فقلتُها للملائكة. وحينها قال أبي أني يجب أن ألتزم باللغة العربية في الصلاة، فسألته: "لماذا؟ ألا يتحدث الملائكة باللغة الإنجليزية؟"، فضحك والدي أكثر وأجاب: "لا.. هكذا كان يصلي سيدنا محمد، ونحن علينا تقليده ."

وقد ظلت هذه الطرفة تلازمني طوال حياتي.. وقد أثر ذلك في نفسي من حينها، وأصبحت أُعجَب بشدة بكل من يتحدث لغات.

(للعلم فقط: مدرستي لم تكن تفرض التحدث بالإنجليزية ولم يكن حتى مدرسيها على مستوى عالٍ في اللغة الإنجليزية. أعتقد أن المُدَرِّسة فعلت ذلك من باب "التنطيط" على طفلة لم تتعدَّ الأربع سنوات.. وعجبي!!)

المهم أنه نما بداخلي حب اللغات والاهتمام بها والتفوق فيها.. وحين التحقت بالمركز الثقافي الألماني، فوجئت برفض أي شخص ألماني التحدث بغير الألمانية.. حتى لو عرفوا أنهم يتحدثون لشخص بمستوى مبتدئ!! وكان هدف المدرسين ليس تعليم اللغة فقط، بل التفكير بهذه اللغة. كان هذا لكل المدرسين الألمان على الأقل.. والكثير من المدرسين المصريين أيضًا: "توقفوا عن التفكير بالعربية وفكروا وحدِّثوا حتى أنفسكم بالألمانية". وحين قلت ذلك لوالدي، قال إن الألمان يعتزُّون بلغتهم بجنون.. حتى أنه حين زار ألمانيا قديمًا، وحاول السؤال عن شيء مع أي شخص بالشارع، أجابه الجميع بالألمانية، بالرغم من معرفتهم باللغة الإنجليزية، واحتياجهم لها لفهم السؤال في المقام الأول .

ولا أعرف لماذا هناك دائمًا احترام وانبهار رهيب من العامة بكل مصري يتحدث لغاتٍ أخرى، حتى لو لم يكن يتقن العربية في المقام الأول؟ كنت أعتقد أنها عقدة الخواجة التي كانت لدى الشعب المصري ولكني أشعر أن هناك اتجاهًا ما لازدراء اللغة العربية، فمن معه لغات بمصر يعمل بمرتبات عالية ومراكز مرموقة، أما مدرسي اللغة العربية والأزهر، وغالبية الأدباء والشعراء الذين يعملون باللغة، عادة ما تكون مرتباتهم ضئيلة، وأغلبهم مغمور وعلى الهامش. وإني حقًا لأخجل من نفسي الآن

حين أتذكر رفضي لمشروع تعريب الجامعات.. ولكني أقول أنه يجب علينا أولا أن نُتَرجِم كل المراجع والكتب العلمية الدراسية؛ حتى يتسنى لنا تعريب الجامعات المصرية.

بل إن هناك من كان يدعو لفصل اللغة عن الدين، وكانوا يدعون إلى ترجمة كتب الدين الإسلامي بالمدارس اللغات، متَحَجِّجِين بأن أي شخصٍ من الممكن أن يكون مسلمًا، حتى لو لم يكن يعرف العربية.. وأن كل إنسانٍ حرٌ في اللغة التي يدعو بها الله.

ولكني الآن كلما رأيت مسلمًا أو مسلمة أمريكية، والمشقة التي يعانوها في قراءة القرآن؛ أحمد الله على أنه علمني العربية وجعلني ممن ينطقون بها.. وأدعوه خوفًا وندمًا على تقصيري تجاه ديني ولغتي ووطني.

يجب الاعتزاز بلغتنا، فهي جزء من هُويتنا وروحنا ونفسنا.. وبعد انقشاع الغمة وعودة الأمة، أدعو الله أن يخذل كل من حاول طمس هُويتنا ليجعلنا مسخًا.. ولْيسامحني الله على إدراك ذلك بعد تأخيرٍ طويل.

إن كنت لا تعرف إن كنت تحب شيئًا أو شخصًا أم لا، فاتركه وارحل بعيدًا.. إن افتقدتَه واشتقتَ إليه، فعد إليه فإنك تحبه. وإن لم يخطر لك على بالٍ، فبالتأكيد أنت لم تحبه.

أقول هذا لأني لم أعرف أني أحب بلدي ولغتي على هذا النحو إلا عندما أصبحت أعيش بالخارج!!

اسـوأ شعـور

أسوأ شعور قد ينتابك، هو أن تشعر أنك غريبٌ ببيتك.. بعيدٌ عن أهلك وعن المُقَرَّبين منك ..

هائمٌ وحدك بأفكارك التي تثقل رأسك فتؤلمها ..

لا تستطيع تَحَمُّل الأفكار وحدك.. تريد أن تشرك أحدًا فيها معك .. تتلفت حولك فتجد أناسًا كثيرين، ولكنك في الحقيقة وحدك، كالذي فقد لسانه حديثًا ..

سيءٌ أن تشعر أنك لم تعد تهتم بأحدٍ.. ولا حتى بنفسك. والأسوأ أن تشعر أنه لن يبكيك أحدٌ لو مِتَّ.. ولن يفتقدك أحدٌ لو تُهت.. فتكون ميتٌ وأنت حي.. وتتوه وأنت بسريرك .

جعلها حلـــم !!

دَخَلَتْ مسرعة إلى مطعم على النيل، وعيناها حائرتان.. تبحث
عنه حتى وجدته يجلس إلى طاولته القديمة التي كان معتادًا أن
يجلس عليها.. فتنفست الصعداء ونزلت السلالم بخطى سريعة،
وجلست على الكرسي المقابل له ووراءها النيل، لتجده يُحَدِّق في
طاولة فارغة بنهاية الممر في آخر المطعم .

–قالت: كنت متأكدة من أني سأجدك هنا حين قالت لي زوجتك

أنكما تعاركتما وأنك تركت لها البيت غاضبًا .

–قال: طالما قلت لها ألا تشتكي.. خاصة لأهلي. ولكن لا فائدة..

لا تستطيع أن تفهم أنك أختي الصغرى التي يجب أن أحل لها

مشاكلها وليس العكس!!!

أجاب محدقًا في طاولة مهجورة في نهاية الممر :

فنظرت إلى حيث يحدق، ثم نظرت إليه وقالت: أليس هذا هو
المكان الذي كان مفضلا لحبيبتك القديمة؟

–نعم .

–أجئت تبحث عنها؟

–بل عن نفسي!

–لم تفهم فاستطردت: كيف تبحث عن نفسك من خلالها؟

115

-فقال في ملل: أختي العزيزة، كما كنت أحلم بها، كنت أحلم بنفسي أيضًا.. وقتها كنت أتخيل أني سأكون شهيرًا، أو عالمًا، أو ثريًّ.. ربما أشخاص أخرى كثيرون لا أذكرهم الآن، ولكني متأكدٌ أني الآن لست أيا من هؤلاء .

فلم تجب .

-قال: كما ضاعت هي مني، ضعت أنا من نفسي.

-وفجأة برقت عيناها وسألت في قلق: أليس هذا المكان ملكًا لزوجها الآن؟

-نعم!

-أجئت لترى إن كان سعيدًا أم شقيًّا؟

أجاب وفي عينيه هلع :

-لا.. إن كان سعيدًا حزنت على نفسي.. وإن كان شقيًّا حزنت عليها!!

-أما زلت تحبها؟

-كلا!

-أكانت تحبك؟

-لا أدري!

قالت وفي صوتها نبرة عتاب: ما أعرفه هو أن من يحب؛ يقاتل ليصل إلى من يحبها.. ولكنك حتى لم تعترف لها بمشاعرك وتتقدم لخطبتها!!

لم يجب، وظلت عيناه عالقتان بالطاولة لم يرفعهما عنها .
فسألت: أحيانًا أشعر أنك لم تحبها.. أتَعَجَّبُ ماذا كانت بالنسبة لك؟

-كانت حلمًا، تمنيت ألا أصحو منه أبدًا .

-ولكنها كانت واقعًا.. لِمَ تركتها؟ لِمَ لَمْ تتزوجها؟

-أقول لك حلمًا وأنت تقولين واقعًا؟!

ثم زفر وقال: الحلم خيالٌ لا مسؤوليات به ولا مُنَغِّصَات.. أما الواقع.. .. . أنتِ تعلمينه جيدًا.. دائمًا مرير وأليم. أنا فَضَّلْتُ أن أحتفظ بها كأجمل حلم مَرَّ بحياتي.. أهرب إليه حين تضيق بي حياتي وسعة الدنيا وصدور من حولي.

-ألهذا كنت دائمًا تقول أنها فتاة أحلامك "فقط"؟

-نعم.. أنا حتى لا أذكر بِمَ كنتُ أحلم قبلها.. هي من رسمت خطوط فتاة أحلامي، فمنذ أن عرفتها أحببتها كما هي، فأحببت شكلها وأصبحت أُعْجَبُ بكل من يشبهها.. أحببت صوتها.. أحببت مبادئها وآمنت بها وطبقتها.. . عليها !!
ثم يقول ساخرًا: لم تكن تؤمن بالحب، ففقدت إيماني به أنا الآخر وتركتها.

-وكيف كنتَ تحلم بها؟

-لم أكن أحلم وحدي، بل كنا نحلم معا ..

ثم سكت .

-كانت دائمًا مشغولة بالمستقبل، كنت أراه يبرق فرحًا من عينيها وابتسامتها ..

ثم سكت .

–كنا دائمًا نتكلم عن أحلامِ ومستقبلِ كلٍ منا، ولكن لم يجمعنا قط حلم ولا مستقبل!

–أعلم أن زواجك كان تقليديًا ولكني أتسائل الآن: أتحبُّ زوجتك؟

–نعم.. لأن حبها مفروضٌ لم أسعى إليه.. أما الآخر فكان اختياريًا هام به قلبي وعقلي وروحي .

–أخي العزيز، لا تجعل الحلم يقضي على الواقع. وإن كنت جعلتها هي حلمًا وظلمتها قديمًا، فعش الواقع ولا تظلم زوجتك معك الآن .

قصــة فــتاتين

التعارف

فتاة ١: جميلة جدًا، ومحافظة جدًا.. عنيدة لأقصى درجة. في الأحوال العادية تجدها في منتهى الرقة والعذوبة، ولكن حين تتوتر أو يضغط عليها أي شيء؛ تجدها في منتهى العصبية ومنتهى الصلابة، كأنها عامود أسمنت مسلح. ومن يراها في مضمار عملها، يشعر أنها حصان الفوز الأسود. إرادة حديدية.. إصرار على النجاح.. قوة وسرعة مع دقة.. لا هزار ولا حتى بسمة.. تركيزٌ عالٍ جدًا، مع إخلاصٍ نادر الوجود الآن. فمن يرى ذلك لا يمكن أن يصدق أن هذه الفتاة قد تتحول من هذا الحصان البَرِّيِّ صعب المراس إلى هذه الفتاة الغاية في الرقة والحنان والإخلاص إلى درجة الفناء. من أغرب الشخصيات التي من الممكن أن تعرفها.. فهي فتاة "أبيض وأسود"، كأنها تطل علينا من فجر الإسلام .

هوايتها: قراءة الروايات وأساطير الحب.. وتعشق الشعر العربي، من الجاهلي إلى الحديث .

مطربيها المُفَضَّلِين: عبد المطلب وأم كلثوم .

فهي لا تزال تؤمن بالحب من أول نظرة والحب الأول.. آه، تلك هي العقدة !! لنتركها ونعود لها لاحقًا إن شاء الله..

فتاة ٢: هي فتاة عجيبة هي الأخرى.. لغز. متواضعة الجمال، ولكنها رشيقة جدًا.. رياضية.. أنيقة جدًا.. حين تجلس إليها تشعر أنك تجلس مع فتاة أرستقراطية سليلة إحدى الأسر المعروفة بعراقتها من عصر الملكية.. رغم أنها ليست جميلة، إلا أنها في غاية الجاذبية، فهي في عصرنا الحديث فتاة نادرة الوجود. ذات ثقافة عالية مثل فتيات الغرب، ولكنها ملتزمة بدينها. تحاول دائمًا التمثيل أنها صلبة كالحجر، وأنها لا تتأثر بأحدٍ ولا بشيء، ولكنها عادة تفشل.. فكل من يعرفها يعرف أنها حنونة ورقيقة رغم كل مجهودها لإخفاء ذلك، فهي تخاف أن يعرف الناس مدى ضعفها. ولأنها تعرف شيئًا عن كل شيء، ولكن تعرف كل شيءٍ عن عملها، إضافة إلى أنها مرحة جدًا؛ فذلك يجعل حديثها جذابًا ومسليًا. دائمًا ما تخفي آلامها ومشاكلها لنفسها فقط، وتتعلل بأنها شخصية مستقلة ناضجة، فلهذا هي الأقدر على حل مشكلتها بنفسها. ويبدو أن الشباب يحبون هذا النوع من الفتيات، فهي تحقق كل شيء مثل الغرب، في أسلوب الحياة والتجديد والمرح، وفي نفس ذات الوقت ملتزمة دينيًا.. فلهاذا هي دائمًا ملاحقة ومحاطة بالمعجبين والعاشقين.. ولكن ياترى هي تحب من؟!

هوايتها: مثل من يسمونهن قديمًا "بنات الذوات": تلعب التنس، وتجيد العزف على البيانو، وكثيرًا ما تسافر مع عائلتها داخل وخارج مصر.. وبالطبع تعشق القراءة، ويساعدها على ذلك إجادتها لعدة لغات .

مطربيها: تُفَضِّلُ سماع الموسيقى وليس الغناء. وتحب تشاكوفسكي وعمر خيرت وغيرهما .

صفات مشتركة بين فتاة ١ وفتاة ٢: حلمٌ واحد وهو منتهى الحب: أن يعشن قصة حب أسطورية .

كلاهما تتميَّز بالعناد والصلابة والاستقلال، وفي نفس الوقت تذوبان رِقَّةً من الحب، وتبكيان بالدموع مع بكاء أي طفلٍ صغير. تحلمان بالحياة المثالية والمدينة الأفلاطونية، حيث يسود الحب والخير والسلام، وينتهي المرض والفقر والحزن.. حيث يعطف كل إنسانٍ على من حوله، ويحب كل من حوله، ويرضى عن نفسه. لا صراعات ولا ضغوط، يعطي الغني الفقير ويساعد الشاب المسن ويحن الزوج على زوجته وأولاده .

المشكلة: حب من طرف واحد!

الفروق :

فتاة ١: مثالِيَّة وحالمة في كل تصرفاتها .

فتاة ٢: عملِيَّة وعصرِيَّة إلى أقصى حد .

فتاة ١: تؤمن بالحب للحب .

فتاة ٢: تؤمن بالحب للزواج والحياة .

الأحداث: في يوم ذهبنا لفتاة ١ بالمنزل بعد أن طلبت والدتها مِنَّا ذلك. فقد تقدم لها شابٌ مناسبٌ جدًا، ورفضته كالعادة. أمها تكاد تجن والقلق على ابنتها يعصف بها، وفتاة ١ ترفض حتى مقابلة العرسان والعمر يجري ولا تدري أن من يجرون وراءها الآن سيعزفون عنها غدًا.. وأن العرسان سيقِلّون مع مرور الوقت.

وهذا الشاب جاهز وملتزم ومن عائلة طيبة، فما العيب إذن؟ ولماذا الرفض؟ أهو غرور أم تبتر؟؟ فقامت الفتاة بحبس نفسها بحجرتها حتى تهرب من هذه المناقشة، فلم تجد الأم بدًا من الاستعانة بنا، لعلنا نُعَقِّلُهَا.. وعَلَّهَا تقول لنا ما يدور بخُلْدِهَا وقلبها .

دارت المناقشة هكذا :

فتاة ٢: ما بكِ؟؟ والديك سَيُجَنُّون؟؟ لماذا ترفضين الزواج؟؟ لا أحد يتزوج هذه الأيام، ولا يوجد عرسان، وأنت ترفضين كل يوم واحدًا؟؟ !!!

أنا: ما الأمر؟؟ أيوجد أحد في حياتك؟؟

فتاة ١: نعم.. أنا أحب فلان، ولن أرضى بغيره زوجًا لي ..

فصُعِقْتُ أنا وفتاة ٢، واقتربنا منها أكثر، وأصبحنا في غاية الجدية.. فالأمر حقيقيٌ إذن.. لقد كنا نشك بذلك .

أنا: ولكنه خطب.. وسيتزوج قريبًا!!

فتاة ١: لا يهم، فلابد من يوم سيجيء ويعلم أني أحبه.. وأنا مستعدة لأن أظل طوال حياتي بانتظاره. أنا أعلم أنه لا يشعر بي الآن، ولكن ربما يعلم ذلك يومًا ما، وحينها ماذا يكون الموقف حين يجيء إليَّ ويجدني قد خُطِبت أو تزوجت؟؟

فتاة ٢: وربما لا يجيء هذا اليوم!! ولكن إذا كنتِ تحبينه كل هذا الحب، ومستعدة للتضحية فداءً له، فلما لا تقولين له ذلك وتقصرين المسافة التي بينكما؟ (ثم تقول في تعجب) أنتِ تحبينه.. طالما كنت أشك في ذلك. ولكن معاملتك السيئة وكلماتك القاسية الجافة له كلما حاول التَّقَرُّبِ منكِ تجعلني أغير فكرتي!

فيحمَرٌّ وجه فتاة ١ خجلا وتقول: حقيقةً، كل مرة كانت عيني تقع عليه، كنت أشعر أني سأضعف وأقول له بصوت عالٍ أني أحبه، من كثرة ما أقولها لنفسي.. فأخاف أن يشعر بذلك هو أو أي أحد من الموجودين، فأتصرف هكذا لنفي هذا الشك، مثلما حدث معك!

أنا: تتكلمين عن الحب كأنه تهمة يجب أن تنفيها عن نفسك. أنا في الحقيقة مُقْتَنِعَةٌ الآن برأيي. فتاة ٢، يجب أن تنقذي حياتك وحياة والديك وحياته، وتعترفي له بحبك .

فتاة ١ (في ذعر كأنها لمست سلك كهرباءٍ عالي الضغط): أجننتم؟؟؟ أمعقول ما تقولون؟؟ خلاص، ألا يوجد حياء؟ ألا يوجد خجل؟ ألا يوجد أي شيء هكذا؟؟ تريدونني بمنتهي البساطة أن أذهب إليه وأقول له أحبك؟ لا.. بالتأكيد أنتم فقدتم عقولكم. صحيح.. "اللي اختشوا ماتوا!!"

أنا: طيب طيب.. اهدئي قليلا. نحن لا نقصد الإساءة لك بكل تأكيد. ما رأيك أن نذهب نحن ونقول له؟

أصاب فتاة ١ الذعر، فاستطردت قائلة: قصدي نِلَمَّحْلُه.. اعتقد أن هذا لا غبار عليه.. حتى السيدة خديجة فعلت ذلك مع سيدنا محمد. أو أن نقول لأبيك كل شيء وهو يذهب إليه.. وتتركين الأمر بيده، كما كان الصحابة يفعلون لزواج بناتهن. أنسيتِ قصة سيدنا عمر، حين طلب من سيدنا أبي بكر وسيدنا عثمان أن يزوِّجهما من السيدة حفصة مرتين، ورفضا لعلمهما أن سيدنا محمد يريد الزواج منها؟

فأصيبت فتاة ١ بالهلع وقالت: ذلك كان أيام سيدنا محمد. وأنا لست السيدة خديجة ولا السيدة حفصة، ولا هو سيدنا محمد، ولا أبي هو سيدنا عمر.. فالتقاليد الآن تغيرت، ومن يفعل ذلك؛ إما يرفض أهل الشاب ويخافوا أن يكون هناك عيبًا بالفتاة، ويحاول

أهلها إلصاقها بابنهم، وإما يتم الزواج ولكنه يظل يعايرها بذلك. كلا، أنا لا أرضى لنفسي مثل هذا الامتهان أبدًا. يجب أن أعز نفسي، وأن يجيء هو من تلقاء نفسه ليطلبني من أهلي وهم أعزاء كرماء، وإلا فلا!

فتاة ٢ في عصبية: لا.. أنت لا يعجبك أي حلول؟؟!! لا تقاليد اليوم تعجبك، ولا طريقة الصحابة تعجبك! ما الذي يعجبك إذن؟ وقفة حالك هذه؟ وإلى متى ستظلين تحبينه من طرفٍ واحدٍ إلى أن "تكحكحي" وتنتهي حياتك؟؟!!

فتاة ١ تبتسم وتجيب: وماذا يعني هذا؟؟ يكفيني أني أحبه وأني أحلم به ومعه. فأنا أحمد الله في كل لحظة على ذلك الشعور، فقد أنعم الله عليَّ بأجمل إحساسٍ في الوجود من الممكن أن تحس به فتاة .

فتعجبتُ أن ما زالت هناك فتاة تؤمن بالحب من طرف واحد، وتعتقد مثل عبد الحليم في فيلم الوسادة الخالية، يؤمن بالحب الأول. ولم أصدق أن في عصرنا هذا، وخلال كل تلك المادية البحتة التي نغرق فيها، هناك إنسانة مستعدة أن تَفْنَى من أجل حبها، وتختار الرهبنة عشقًا وولهًا لرجلٍ، حتى لا تخطر له على بالٍ، ولا يذكرها ولا يشعر بوجودها في حياته بالمرة .

هي تتألم وتتعذب هكذا وهو يعيش ويمرح ويحلم بأخرى.. عجيبة هذه الدنيا!! حقًا له في خلقه شؤون!!

فسألتها: أحقًا تؤمنين بالحب من طرف واحد؟ واضحٌ أنه لا يحبك، بدليل خطبته لأخرى .

فأجابت: كلا.. أولاً خطبته من غيري ليست دليلاً على أي شيء، فهو زواجٌ تقليديٌ دون مشاعر. فربما يحبني ولكن لم يتقدم لي لظروفٍ خاصةٍ به، أو ظنًا أني لن أقبله. عامةً، الحب هو الحب.. يجيء دون ميعادٍ ودون إنذار.. فجأةً تجدين نفسك تحبين إنسانًا.. هذا ليس بيدك، تمامًا كما يُصَوِّرُونَهُ سهمًا يخترق قلبك. وإن كان من طرف واحد فليكن هذا نوع من أنواع نبل المشاعر وسمو الروح عن الجسد. فأنت حين تحبين، لا ترين السعادة سوى بعيني حبيبك. وإن كانت سعادته مع غيرك، فليكن. المهم أن يكون سعيدًا. إن كنت تملكين الدنيا وما فيها ولكنك لا تستطيعين أن تسعدي بها حبيبك، فما فائدة ذلك إذن؟ يجب أن تضحي من أجل حبيبك وحبك. الحب تضحية. إن كان سيكون تعيسًا معي، إذن فليذهب ويجد من تسعده، فإن ذلك يسعدني. أهم شيء أن يشعر بالرضا والهناء، حتى لو كان ذلك مع غيري .

فتفقد فتاة ٢ أعصابها وتقول في ثورة: لا.. الحب من طرفٍ واحدٍ يعني ببساطة علاقة بين طرفٍ ساذجٍ وطرفٍ أناني.. طرفٍ يُضَحِّي بكل شيء وآخر يحصل على كل شيء!

فتغضب فتاة ١ وتبدأ بالبكاء .

فأرُدُّ: فتاة ٢ لاتقصد إيذاءك أو الاستهزاء بمشاعرك، ولكنها خائفةٌ وقلقلةٌ عليك وعلى مستقبلك .

ونُرَبِّتُ عليها نحن الاثنان .

ولكنها تنظر لفتاة ٢ نظرةً ذات معنى أربكتها، فعلمت أن فتاة ٢ عندها سرٌ وقصةٌ هي الأخرى .

لأكسر حاجز الصمت سألت فتاة ١ بعد أن هدأت وتوقفت عن البكاء: ألا تخافين الوحدة؟ ألا تحلمين بالأمومة؟
فابتسمت. فَتَشَجَّعْتُ لأتكلم أكثر لأطرد المشاعر السلبية: ألا تحلمين بأن تجدي أولادًا وبناتًا يجرون ويلعبون ويضحكون حولك؟ ألا تحلمين بقبلة يوم عيد ميلادك أو يوم عيد الأم؟ ألا تقلقين من أن نهاية ما تفعلين هي ربما الوحدة المطلقة؟ طبعًا الآن منزلك به والديك، رزقهما الله بطول العمر والصحة.. ولكن حتما سيجيء يومٌ ويفارقوننا.. وسيتزوج إخوتك، ويصبح المنزل خاويًا، لا تسمعي به سوى دَقَّاتُ الساعة ودقات قلبك.. وربما لن تجدي حتى من تكلمينه أو من يعطيكِ كوب ماءٍ لتأخذي به الدواء. أتدركين نهاية ما تفعلين؟

فترد فتاة ١: أتظنين أن كل من تزوج وأنجب يعيش مع أبنائه وأحفاده؟ أنا بالطبع أحلم بأبنائي، ولكن مِنْهُ هو. فحبي لهم سيكون مستمدًا من حبي له، أريدهم يشبهونه في كل شيء.. أتمنى أن يكونوا هو قلبا وقالبًا .
فتقاطعها فتاة ٢ في غضب، ولكن تهدأ ثم تُصْدِرُ زفرة وترد في شفقة: يابنيتي.. إلى هنا إنه لا يشعر بكِ من الأساس.. إنه لا يراكِ ولا يحبكِ، ولا يستحق كل هذا الحب ولا هذه التَّضْحِيَّات ولا تلك المشاعر النبيلة التي تتحدثين عنها. ثم يجب أن تعلمي أن الحب شيء والزواج شيء آخر. فالزواج ضرورة من ضروريات الحياة. هذه هي سُنَّةُ الحياة. أما الحب، فَحِبِّي من شئتِ، ولكن تزوجي من يناسبكِ ويقدركِ. فليس كل المتزوجين كانوا أحبابًا..

ولو كانوا، فعادة لا يستمر هذا الحب بعد الزواج.. ولكن الزواج يستمر .

فتقاطعها فتاة ١ هذه المرة في غضب وحنق وقوة وتقول: إن الحب عطاء، فأنا حين أنجب سأفعل لأعطي لأبنائي من فيض حبي وحناني.. لا لكي يخدموني حين أعجز. من سيقوم بهذا سأكون بالتأكيد ممتنة له ولكني أفضل أن أعيش بدار المسنين وأدفع لمن يخدمني ويرعاني .

ولأن الجميع الآن يعتقد مثلك أن الحب شيء والزواج شيء آخر فلا تجدين أحدًا سعيدًا، فالكل عابس والأمراض النفسية تزيد وحالات الطلاق والانتحار والإجهاض والاغتصاب تزيد زيادة جنونية .

ثم تسكت وتهدأ قليلاً وتقول: عامةً، أنا لست من هؤلاء، أنا إنسانة منَّ الله عليها وخصّها بنعمة من عنده وهي الحب ولن أجحد بها وأزهدها لأتزوج من هذا الذي تسمونه مناسبًا، بذلك سأصبح خائنة مرتين. مرة حيث خنت حبي وقلبي وحبيب وأخرى التي ستكون طامة وكارثة على رأسي وهي خيانة زوجي لأن قلبي مع غيره، يكون هو بجانبي وعقلي يفكر برجل آخر، كلا لا أنا لن أقبل لهذا بكل تأكيد فلأعيش راهبة لحبي أكرم وأشرف وأعف .

أنا لا أستطيع أن أتصور أن شخصا آخر يلمسني، إذا تزوجت غيره كما تريدون سأشعر كأني أمة جارية مجبرة على معاشرة سيدها وقتما يريد بل بالأحرى سأشعر كأني كالعاهرة التي تعطي جسدها دون روحها مقبل أكلها وشربها وكلمة غير مفهومة اسمها "المدام"، أنا لن أتحمل ونفسي لن تطيق كل هذه الذنوب لا ذنب

الزنا بالتفكير في غير زوجي وإن امتنعت عن زوجي لن أتحمل لعن الملائكة لي .

فرددت أنا: لم لا تفكرين في أنك ربما أحببتِ زوجك من معاملته الطيبة لك وإكرامه وتقديره واعتزازه بك؟

فردت وعيناها تنظران في الأرض: بل هذا سيزيد من ندمي.. فإذا كان قاسيًا مقززًا سيبرر لي ما أشعر به، ولكن إذا كان طيبًا كما تقولين فسيزيد هذا من عذابي .

فترد فتاة ٢ في يأس: لا أمل في إقناعك.. دائمًا عنيدة ورأسك صلب، لكن اعلمي أن العند يولد الكفر.. فلتفعلي بحياتك ما تشائين .

فتنظر لها فتاة ١ في حدة وتفجر القنبلة: تقولين أن الحب من طرف واحد عبط؟ إذن لماذا لم ترتبطي بعد ترك حبيبك لك؟؟

فتجيب فتاة ٢ في هدوء بعد أن قبضت يدها في عصبية: من قال لك أني لن أتزوج؟ أنا أؤمن بأنه طالما أن هناك حب أول فمن الممكن أن يكون هناك حب ثاني وثالث.. فكل إنسان يستطيع أن يحب أكثر من مرة .

يجب أن تعلمي أني شخصية عملية واقعية ولست حالمة واهية.. لذلك فقد نسيته تمامًا، فأنا أعرف ما أريد وأعرف تحديدًا الصفات التي أبغيها في شريك حياتي.. وقد تقدم لي شخصٌ وسنتزوج قريبًا إن شاء الله بعد أن درسته جيدًا ووجدنا توافقًا جيدًا .

فتضحك فتاة ١ بطريقة ساخرة: أنت تتحدثين عن الزواج كأنه شركة.. ومن يجتاز المقابلة الشخصية ستتزوجينه .

فتاة ٢: دعك مني فأنا لست الموضوع.. أنا حقًا خائفة عليكِ، فهو لا يعبأ بكِ ولا يحبكِ .

فتاة ١: لِمَ تجزمين؟! فهو خطب قبل ذلك وتركها.. ولكني أنا دائمًا من يكلمها ويعتبرها صديقة حياته الدائمة التي لا تتغير.. فربما يومًا ما سيشعر بما يَضْطَرِمُ في قلبي .

فنظرتُ أنا وفتاة ٢ لبعضنا، وردت فتاة ٢: إنه يراكِ بشاربين، لا يراكِ كفتاة يمكن أن يتزوجها.. الرجال غير النساء.. والرجال لا يلجؤون أبدًا إلا لمن يَرَوْنَ أنه أكثر حكمة وخبرة وعقل، ليساعدهم في حل مشكلاتهم. وما دام يحكي لك دائمًا ويقدر ذكائك وحنكتك، إذن فلن يتزوجك أبدًا، فهو يعتبرك صديقه كأي رجل يجلس معه ويبث له ما به من هموم، فالرجل الشرقي يتزوج من المرأة التي تُشْعِرُه أنها ضعيفة، وتعرف كيف تشعره بالكمال والبطولة، وأنها لا تستطيع الحياة بدونه، وأنه سر سعادة حياتها لأنه هو من تلجأ إليه لحل مشاكلها، وليس العكس .

و ساد سكون شديد بعد ذلك...

فقررت أنا أن أنهي هذه الجلسة التي لا فائدة منها، فكلتاهما قد عقدت العزم على ما ستفعل .

فقلت لهما: ربنا يعمل ما به خير لكما إن شاء الله.. ولكن فقط صلوا استخارة قبل تنفيذ قراراتكم هذه، حتى لا يندم أحدكم .

ولكن يبدو أن فتاة ١ قد استأنست بنا فنظرت لي وقالت: إنه ليس قراري بل قدري، فالحب قدر يقدره الله لك دون تدخل منك، وأنا دائمًا راضية وقانعة بقدري.. بل سعيدة به والحمد لله .

فرددت في سري وقد ترددت أن أقولها بصوتٍ عالٍ: يعوضك الله بزوج خير منه في الجنة إن شاء الله، فلا يوجد أحدٌ أعزب هناك. ويعوضك الله بزفافٍ من الملائكة، يحضره الرسل والأنبياء والشهداء وأهل الجنة جميعًا إن شاء الله .

وقررت فتاة ٢ تغيير الجهة ليكون من السهل إنهاء الحديث، فسألتني: وأنتِ؟؟ ألا يوجد أحدٌ في حياتك؟ أنتِ لم تتحدثي عن نفسك بالمرة؟

فابتسمت وأجبت: لا، أنا تقليدية بعض الشيء وأؤمن بالحب بعد الزواج. فأنا في رأيي أن كل الرجال آدم، وكل النساء حواء. وكل منا سواء نساء أو رجال بنا عيوب وبنا مميزات .

ولكنهما لم تقتنعا، فقلت: لو كان هناك من يملأ قلبي لكنت قلت لكما، فربما أنا لست بشجاعتكما حتى أحب، وربما أكون أقل منكما حظًا فلم أجد الشخص الذي يستحوذ على عقلي وقلبي معًا، وأفني نفسي في حبه مثلكما.. وربما لأني مختلفة، فأنا منذ توفي والدي أخذت عهدًا على نفسي أن أجعله فخورًا بي في قبره مثلما كان فخورًا بي في حياته، فَحَكَّمْتُ عقلي بكل أمورِ حياتي وسحقت قلبي ومشاعري حتى لا أضعف يومًا.. ربما أَحَبَّ هذا القلب الشخص الخطأ فأضل طريقي وغايتي، فأنا أُفَضِّلُ طريقة جدودي في الزواج التقليدي، فهذه الطريقة أضمن، فقد ثبت

نجاحها واستمرارها مدى الحياة، واستقرار الحياة والسعادة والرضا بها.. أو ربما كنت في حاجة للأمان أكثر من الحب، فالأمان في مرتبة أكثر أهمية في مثلث وأسلوب الحاجات الإنسانية. وحقيقةً، فإن من أحب سور القرآن الكريم إلى قلبي هي سورة قريش: بِسْمِ اللَّهِ الرَّحْمَنِ الرَّحِيمِ..

"لِإِيلَافِ قُرَيْشٍ (١) إِيلافِهِمْ رِحْلَةَ الشِّتَاءِ وَالصَّيْفِ (٢) فَلْيَعْبُدُوا رَبَّ هَذَا الْبَيْتِ (٣) الَّذِي أَطْعَمَهُمْ مِنْ جُوعٍ وَآمَنَهُمْ مِنْ خَوْفٍ (٤) ودائمًا أصلي وأدعو بها الله أن يأمِّنِّي أنا الأخرى من الخوف .

وعندئذٍ انتهى الحديث وقد أخذتْ كل منهنَّ قرارها النهائي.

القرار :

فتاة ١: لا زواج.

فتاة ٢: زواج من شخص مماثل إلى درجة كبيرة.

النهاية :

فتاة ١: بعد مرور عدة سنوات انقطع فيها الحبيب عن الاتصال لغيرة زوجته بعد اعترافه لها أنه يعرف كم تحبه وكم سيؤلمها بعده عنها ولكن ليس لديه اختيار.. فالزوجة الآن هي الحكومة.. ويقولها ضاحكًا ليخفف من صعوبة الموقف على نفسه، تاركًا وراءه قلبًا يدمى وجرحًا غائرًا لن يداويه أي شيء.. لا القرب ولا البعد .

أدركتُ أخيرًا بعد مرور سنوات غالية من العمر أن فتاة ٢ كانت محقة في أن الحب على هذا النحو كان بين شخص نبيل ضحى

بكل شيء، وشخص أناني أخذ كل شيء. لكن الحمد لله.. تم شفاؤها من هذا المرض العضال الذي يدعى الحب من طرف واحد، وعوضها الله بزوج كان يحبها من طرف واحد هو الآخر، وكان يراقبها ويكون بالقرب منها دومًا، ولكنها لم تشعر به قط لانشغالها بآخر. كان يتألم لألمها ويتعذب لعذابها.. أحبها ودعا الله أن يجعلها زوجته، وأخلص دعاءه فعوضهما الله بالسعادة والأبناء عمًّا قاسَيَا .

فتاة ٢: بعد مرور عدة سنوات من الشراكة المدعوة بالزواج، قررت الانفصال وأخذ أبناءها لتعطيهم مرحًا وفرحًا بدلاً من الهم والغم في زواج لا طائل منه، سوى العراك والنقار ليل نهار!! اكتشفت أن الزواج من مثيلٍ لمن أحبت كان أغبى قرار أخذته في حياتها، فالأشياء التي يفعلها زوجها وتحبها اكتشفت أنها تحبها لأن حبيبها كان يقوم بمثلها، فظل ذلك يذكرها بحبيبها ولم تستطع نسيانه، ورغمًا عنها ظلت تقارن بين حبيبها الذي طالما تمنته وبين زوجها الذي يسكن بسريرها.. مرات يفوز هذا ومرات يفوز هذا.. ولكنها هي التي كانت تخسر على الدوام في كلا الحالتين. لم تستطع الشفاء من هذا المرض اللعين لأن علاجه الوحيد هو النسيان والعودة للبداية وتجاهل تلك الذكريات في طيات الزمن البعيد، حتى يمكنهاالاستمتاع من جديد. كان يجب أن تنسى الحبيب القديم أولاً وتُتْرَكُ بعض الوقت لتُشْفَى جراحها وتكون على شجاعة وقوة لمصارحة نفسها بما تضمرُ في قلبها، وتأخذ وقتًا كافيًا لمحادثة قلبها بدلاً من خداعه، حتى يتسنى لها الحب من جديد، فتحب الشخص الجديد لما فيه، وليس للتشابه بينه وبين من تحب. وما قامت به فتاة ٢ كان على النقيض تمامًا من هذا الدواء، فتألمت وآلمت، فقررت قطع هذا العضو لراحة أبنائها. عاشت لهم

وبهم ولم تحاول الزواج ثانية.. فيكفيها ما رأت من الحب والزواج. واستبدلت عقد الشركة بعقدي طلاق من زوجها، واحتكار وملكية كاملة لأبنائها فقط .

كيف ترى الحياة؟

كيف ترى حياتك؟ وكيف ترى نفسك داخل هذه الحياة الدنيا؟ عن نفسي، طوال حياتي كنت أنظر للحياة على أنها نهر كبير جدًا واسع جدًا به زوارق كبيرة.. كل زورق به مجموعة من الناس تعيش معًا.. وكنت دائمًا أرى القدر وهو ينقلني من زورق لآخر، أنتقل لزورق جديد مع أناس جدد أحبهم وقد يحبونني وقد يحبني بعضٌ منهم فقط ويمقتني بعضُهم، المهم هو أنه ما أن تألف نفسي المكان وتعتاد روتينه ورتابته، إلى أن أصدق أني سأظل على هذا النحو إلى يوم منيتي؛ حتى أرى القدر ينقلني فجأة من هذا الزورق لآخر .

كنت في بداية الأمر أذعر وترتعد فرائصي من هذا التغيير الجذري المفاجيء، إلى أن ألفت نفسي حتى هذا التغيير. الآن بعد قراءتي لحياتي واستيقافي لها عدة زوارق، أصبحت أستطيع إلى حد كبير التنبؤ بالانتقال التالي وإن كان قد آن الأوان أم لا. فتيقنت أن حياتي ليست في زورق، وإنما في الانتقال والترحال. الحقيقة يجب أن أعترف.. أنا أحب ذلك بل أعشقه. ورغم أني أهاب هذا الغرام، إلا أني أجد نفسي دائمًا لا ترتاح في مكان واحد لمدة طويلة، ولا مع نفس الأشخاص طوال الوقت. حتى أني أذكر يومًا أن أمي قد قلقت عليَّ من سرعة سَأَمِي ومللي الدائم واتجاهي للتغيير والتنقل، فقالت لي: "أخاف أن تملّي زوجك يومًا، فاحذري وحاولي التحكم وتحجيم هذا الشعور بالملل، حتى لا يملك عليك حياتك ويدمرها."

ولكن جاءت فترة سكنت روحي وهدأ مللي وشعرت بسعادة وراحة واستكانة لمكان وأناس في فترة محددة من فترات حياتي، كنت آنذاك أحمد الله على عطاياه، فقد حقق لي أكثر مما كنت

أحلم وأتوقع. حينها كنت أرى الدنيا ليست على أنها نهر أو جدول ماء، بل على أنها حقل كبير مليء بالزهور والورود، وأني كما نعتني بعض أصدقاء الطفولة بالفراشة.. نعم شعرت خلال هذه الفترة أني فراشة تنتقل بحرية ودلال بين الورود، وتختار أجملها وأحسنها أريجًا لترتاح عليها من الطيران والفسحة.

ولكني الآن أرى الدنيا على أنها حقل كبير مليء بالسواقي.. سواقي كثيرة جدًا، لكل أسرة ساقية تلف فيها، لا أحد يشعر بأحد، كلٌ ملهيٌّ بالدوار في الفلك الذي هو فيه وبالدوار الذي يشعر به في رأسه. كل مغمى العين حتى لا يرى إلى أين يذهب ولا من أين جاء ولا به قوة ليسأل عن أين الباقين. وإن كان ثورًا قويًا قليلاً فكل ما يستطيع هو أن يتمم على من يلفون معه في الساقية بالنداء، وإن اكتشف ضياع أحدهم سيكتفي بالدعاء له. لن يبحث عنه.. لا يستطيع.. يجب أن يظل يلف حتى لا يضيع الباقون. وثانية حقق لي الله ما كنت أحلم، وهو أن أتوقف عن الدوران لوقت قليل فقط لأسترد أنفاسي.. وحين حدث ذلك، فوجئت بمنظر الحقل وعدد السواقي، وأصبحت كالطائر لا بقرة تلف حول الساقية. وطالما كنت أحلم بالطيران.. وكان دومًا يشدني منظر أسراب الطيور المهاجرة، وكنت دائمًا مراقبة جيدة للحمام. فقررت الطيران وتركت الأرض والسواقي وطرت عاليًا محلقة وإذا بي أُفاجَأ أني وحدي تمامًا، فالمسافات بين الطيور من الأرض أقرب، ولكنها في الحقيقة بعيدة جدًا. ووجدت أن الطيور مثل البقر والثيران، تسير في أسراب معلومة وأفلاك محددة أيضًا، وإن كانوا غير مربوطين في الواقع بساقية أو حبل ملموس. وقفت لأبحث عن خليل أو صاحب لعل أحدٌ يدلني على الطريق ويجيب على أسئلتي، ولكن الجميع مشغول بمتابعة السرب خوفًا من الضياع والتوهان. فلم يسمع أحدٌ نداءاتي،

فوجدتني أهبط بإرادتي واختياري بأسرع ما أملك من قوة لأرتطم بالأرض لأكسر أجنحتي وأعود مثلما كنت: مربوطة بساقية لا أرى سوى تحت أقدامي، وأضع بيدي الغمامات حول عيني لكي لا أرى من حولي بإرادتي، وأجري بالساقية بأسرع ما يكون حتى يَتَمَلَّكَنِي الدوار فتتوه عيني وتضيع أفكاري، وأنشغل بالدوار والألم اللَّذَيْنِ حلا برأسي عن الأفكار التي تملأها، فهي أكثر راحة وأقل قلق وضياع وصداع. لا أريد أن أفكر.. لا أريد أن أشعر.. فقط أريد أن ألف وأدور إلى أن يصرعني التعب، فتفقد قدمي الطريق وأقع صرعى، وكل ما أتمناه أن أموت وأنا ألف في هدوء فلا أزعج أحدًا ولا أتعب أحدًا وينتهي دوري بالساقية في سكينة وطمأنينة. لم أعد أريد أن أطير ولا أن أحلق ولا أن أعلو، لا أريد أن أشعر بالوحدة مرة أخرى.. فلأبقَ مثلما يكون الباقون. فقط أتمنى أن يتركني دوراني لاستغفاري ولدعائي لله بالمغفرة والعفو، وسؤاله تعالي أن يجعلني عنده من العِلِّيِّينَ في الآخرة، ومن المشهورين المقربين المحبوبين لديه، آمين!!

أحبك ربي وأحمدك.. إنك ربي فاغفر لي واعفُ عني وأدخلني فردوسك الأعلى دون حساب ولا سابقة عذاب، وظللني بظلك يوم لا ظل إلا ظلك...

عيـــون الآخـــرين

لقد قال لي أخي الأكبر يومًا قولاً غريبًا، قال لي: "حين تواجهين مشكلة ولا تعرفين لها حلاً، فذلك لأنك بداخل نفسك وتحبسين نفسك داخل المشكلة، في حين أن أي شخص آخر حين يعرف أو يسمع هذه المشكلة ففي أغلب الأحيان يجد لها حلاً جليًا بسهولة. وعادة ستتعجبين أنتِ عند معرفة الحل من عجزك عن الوصول له، هذا الذي بدوره يجعل للأصدقاء فائدة عظيمة في حياة الإنسان. وقال أيضًا أن كل شخص ربما يستطيع أن يجد الحلول المثالية والأكثر مناسبة لقدراته إذا ما استطاع أن يخلع نفسه من المشكلة ويفكر فيها كأنه إنسان ثالث ينظر للمشكلة من فوق."

فأعجبتني الفكرة جدًا، ومن ذلك الحين وأنا ألعب مع نفسي هذه اللعبة: أتصرف كأني كاميرا تراقب الموقف من فوق وحقًا دائمًا ما نجحت هذه الطريقة معي لإيجاد حلول لمشاكلي مهما كانت، بل وأحيانًا بدأت أتخيل أني أدخل داخل أجساد الآخرين وأرى الدنيا بعيونهم وعقولهم ونفسياتهم وخبراتهم وحياتهم. وهذا كان يساعدني على فهم الآخرين أكثر وأصبح يذهل من حولي من قدرتي على التنبؤ بتصرفاتهم وتحليلهم للمواقف، بل أصبحت أستطيع تحديد صدق من كَذِب الروايات التي تُحكَى من شخص عن شخص، آخر وإن كان حقًا قد قال أو تصرف هكذا أم لا. ويساعدني بالتبعية رؤية المتحدث أكثر ودوافعه لقول ذلك وما مدى إضافته ودقة نقله للحكاية. وبالتأكيد أخفقت مرات عديدة دفعت ثمنها غاليًا لتصديق بعض الكاذبين ونجاحهم في خداعي، ولكني تعلمت منها أيضًا وأدركت معني: "سوء الظن من حسن الفطن". رغم أني كرهت هذه المقولة طوال حياتي لأني كنت

أراها تجعل الإنسان يعيش في قلق، مشغول البال يتشكك بكل من حوله.

ومع كثرة لعب هذه اللعبة وجدتني أعيش داخل رأسي أكثر من اللازم، وحين توفي والدي وأنا في سن السادسة عشر قلقت العائلة لأنه كان صديقي الوحيد بهذه الدنيا، حذرني أهلي من الحياة وحيدة وشجعوني على الانخراط مع الناس بعنف، ولكن مع التحذير بشدة وحزم من اللجوء للحب لإيجاد شخص بديل يحتل حياتي ليغطي الفراغ الذي تركه والدي. ووالدتي كانت دائمًا تقول لي محذرة أن الحب أعمى، وأني لا زلت صغيرة وساذجة ولست ناضجة كفاية لاختيار الشخص الصحيح، ولكني اتفقت مع أمي حينها أنها هي الأخرى لا تفرض عليَّ شخص بعينه وتتركني لسنٍّ يسمح لي بالاختيار. ولكن ظلت كلمات الحب أعمى ترن في أذني وأحاول إدراك معناها، فحينها رأيت أن معناها يقتصر على أن الشخص يرى مميزات حبيبه فقط ولا يرى أي عيوب به، لمقاومتي لذلك قررت محاولة اكتشاف عيوب كل من أقابل ونقاط الضعف والقوة، ولكني أدركت بعد ذلك أن معنى الحب أعمى يتضمن أيضًا أن الإنسان يضع عقله في الثلاجة ويغمض عينيه ويسلم رقبته لمن يحب، يجذبه كيفما يشاء، وحين يفيق من ذلك يجد أن الوقت قد مضى ولا يمكن استدراك ما كان، فيستسلم بإرادته هذه المرة ويشعر بفقدان الثقة بالذات، من كثرة تجمد عقله وأنه لم يعد يصلح للعمل، فليكن ما كان ولتستمر الحياة على منوالها، ويظل يتحدث بلسان من يقوده حتى لو كان غير مقتنع بما يقول، أو يظل يطيع وينفذ ما أريدَ منه حتى لو لم يعد مقتنعًا بكل ذلك. اعتقد أن هذا ينطبق على كل الأحداث التي تجعل الآباء والأمهات يقولون مثل هذه العبارات: "تقع تحت تأثير الآخرين"، "احذر رفاق السوء فهم يأثرون عليك دون أن تدري"، "الحب

138

أعمى"، "إنسان مغيَّب يتحدث بلسان الآخرين"، "هذه ليست أفكارك إنما أفكار أصدقائك الجدد."

الحقيقة أن الدافع وراء كتابة هذه السطور هو إدراكي مؤخرًا لجانب جديد لموتي، وهذا بدأ يغير رؤيتي لبعض الأشياء. فالفهم يختلف عن الاستيعاب والمعرفة تختلف عن الإدراك. فالإدراك من وجهة نظري هو أن تحس وتشعر كأنك تعيش هذه الحياة، والاستيعاب هو أن تحاول استخدام واستثمار المعرفة للتطبيق وجعله شيئًا ماديًا. وكلنا يعرف الموت ويفهم عواقبه وكيف العائلة تتأثر به، وأنه يجيء فجأة ولأي إنسان في أي وقت، ولكن كل ذلك يتوقف عند هذا الحد.

المهم رغمًا عني وجدتني أفكر ماذا سيحكي الناس عني لابنتي بعدما أموت، وتخيلت هذه تقول وتلك تعيد، وهكذا مرة أخرى أرى بعيون الآخرين ولكني هذه المرة حقًا مختلفة. أنا أرى نفسي بعيون الآخرين، لم أهتم بذلك طوال حياتي ولكن الآن له أهمية مفاجئة، فهذا الذي قد يُكَوِّنُ صورتي في رأس ابنتي!!

ومع الأسف أغلب ما سيقولونه خطأ!!

فكل إنسان كأن بداخله بلورة لها عدة جوانب وتشع إشعاعات مختلفة في أوقات مختلفة، وما يقوله أحد عن أحد ما هو إلا انطباعات شخصية.. يعني هذا يشع وهذا يشع، وكل واحد يرى فقط ذلك الجانب من البلورة ويرى ما ينتج من اندماج هذين الإشعاعين، فأردت أن أقول لكِ ياابنتي أن لا تأخذي رأي أو وجهة نظر شخص ما عن شخص آخر بصورة مسلَّم بها، فربما الشخص الذي يتحدث حين تعامل مع الشخص الذي يتحدث عنه واندمجا، نتج عن ذلك إشعاع جديد تمامًا يعكس شخصية المتحدث وبلورته أكثر مما يعكس عن الشخص الذي يتحدث

عنه.فأهم شيء أن تحافظي على نقاء بلورتك، فهي من روح الله، وكلما نقت هذه البلورة كلما زاد إشعاعها ونقاؤها ورفعت مكانتها. وهذا يتم بتقوى الله والتقرب له، وكثرة التوبة والاستغفار، والله سيحاسب كلاً منا على حدة، فلا تكوني من ضعاف القوم الذين اتبعوا كُبَرَاء قومهم دون تفكير، لأنهم وثقوا بآرائهم.. فيوم العرض يقول الضعفاء :

"وَبَرَزُواْ لِلّهِ جَمِيعاً فَقَالَ الضُّعَفاء لِلَّذِينَ اسْتَكْبَرُواْ إِنَّا كُنَّا لَكُمْ تَبَعاً فَهَلْ أَنتُم مُّغْنُونَ عَنَّا مِنْ عَذَابِ اللّهِ مِن شَيْءٍ قَالُواْ لَوْ هَدَانَا اللّهُ لَهَدَيْنَاكُمْ سَوَاءٌ عَلَيْنَا أَجَزِعْنَا أَمْ صَبَرْنَا مَا لَنَا مِن مَّحِيصٍ."

(سورة إبراهيم، آية ٢١)

فلا تُسَلِّمِي عقلك لغيرك.. فليس هناك أحد يستطيع أن يرى كل جوانب الشخص وكل الإشعاعات التي تنبعث منه سوى الله. ولتعرفي الله وتحبيه وتخافيه، ولتعرفي ما يحبه لتفعليه وما يغضبه لتتجنبيه، وعليك بقراءة القرآن. جعلك الله من الذين يتفاخر بهم ويظلهم بظله يوم لا ظل إلا ظله، ويجعل الله لكِ نورًا في السماوات والأرض، ويُعِزُّكِ دائمًا في الدنيا والآخرة .

نهايةً، أريج حبيبتي، أنا أكتب لكِ حتى لا أخطئ خطأ أبي رحمه الله، فقد كنت أشعر أنه يريد أن يقول لي أشياء كثيرة ولم يمتد به العمر، فياليته كان منتبهًا لي فها أنا ذا أكتب لكِ .

وأنا أتلخص في ٣ أشياء: أنجح لأني أخاف الفشل، وأتمرد لأني أبحث عن الحرية المطلقة، ولا أفعل أي شيء أريده إلا بعد تحكيم الحلال والحرام، وأسأل نفسي إن كان ما سأفعل سيجعل والدي فخور بي أم لا .

السفـــينة

سفينة كبيرة جدًا مليئة بالبحارة يجدفون، ولها قبطان عجوز طاعن في السن.. وهناك الكثير من كبار البحارة يجلسون ويخدمهم البحارة "الخدام". كل شيء بدأ في البداية هادئ ورتيب إلى أن يظهر بعض البحارة وأحدًا تلو الآخر من وقت لآخر ليصرخ ويقول أن السفينة تتجه إلى مثلث الموت، فيحمله البحارة الخدام ويقذفوه إلى البحر، فتتلقفه أسماك القرش وتفتك به، وكل سمكة قرش تحاول أخذ نصيبها من هذه الغنيمة، فَيُقَطَّعُ إربًا ويُلْتَهَمُ أمام أهله وكل من على السفينة، فيبتلع بقية البحارة الذين على السفينة لعابهم وترتعد فرائصهم رعبًا من هذا المصير المهول، وينظرون إلى أبنائهم في خوف وشفقة!!

وبطلنا هو أحد هؤلاء البحارة العاديين أو من عامة البحارة الذين على السفينة، هزيل الجسم وليس قويًا.. عاديٌّ لا تلاحظ به شيئًا مميزًا. في الصباح يظل يجدف ووراءه زوجته تجدف وخلفهم أربعة أبناء يجدفون. كل من على السفينة يجدف في صمت مطبق ووجوم ملحوظ. في الصباح يجدف بطل قصتنا وفي المساء يجتمع حوله أبناؤه ويحكي لهم حكاية السفينة التي سمعها عن أبيه .

فيحكي لهم أنه كان للسفينة يومًا ملكٌ، ثار عليه مجموعة من البحارة سموا أنفسهم البحارة الأحرار، لأنهم ادَّعُوا أن الملك قَسَّمَ السفينة على كبار البحارة، وحول البقية إلى خدم لهم.. وهذا ما لا ترضاه أنفسهم وكبرياؤهم، فحكموا على الملك وحاشيته أن يأخذوا مركبًا من مراكب النجاة ويرحلوا عن السفينة، ففعلوا

ورحلوا. وعُيِّنَ كبير هذه المجموعة قبطانًا للسفينة، ولكنه قال لهم أنهم ليسوا على دراية وخبرة بإدارة وتوجيه السفينة، فأمرهم بالعودة لأماكنهم وتَرْكِ الأمر للخبراء الحكماء الذين يعيشون على السفينة. فمرة أخرى ثارت المجموعة على كبيرهم واتضح أنهم فقط من الطامحين للحكم، فوضعوا كبيرهم بقبو السفينة إلى أن مات دون أن يسمع أحد صراخه أو يُضَمِّدَ أحد جراحه ويسكن آلامه .

وتباعًا استمرت هذه المجموعة في العراك مع بعضها البعض وتخوين بعضهم، وبالطبع نتج عن ذلك قتل بعضهم البعض.. وماتوا وأحدًا تلو الآخر إلا واحدًا.. فأصبح في النهاية ربان السفينة إلى الآن .

في بداية الأمر حاول أن ينفذ كلا الحلَّيْن، فلا يترك إدارة السفينة مثلما أرادت المجموعة، وفي نفس الوقت يُعَيِّنَ خبراء ليقوموا بالملاحة وتوجيه السفينة ويقوموا على شؤونها، وينعم هو بكرسي السلطة. ولكنه مع الأسف اختار أسوأهم، فوجهوا السفينة في اتجاه مثلث الموت. ولم يدرِ هذا البحار ما يمكنه أن يفعل لينقذ السفينة، وقرر مرة أخرى الصراخ لعل أحدًا يسمعه، فصرخت فيه زوجته بدلاً من ذلك، وأخرسته وسخرت منه: "من تظن نفسك؟ أتظن أنك ستنقذ الكون؟ أم أنك تريد لأسماك القرش أن تفتك بك؟ عندنا أولاد نريد تربيتهم."

فيكتئب البحار ويشعر أنه بتجديفه مع الباقين يشترك في قتل أبنائه، فيقرر عدم التجديف. ولكنه لم يستطع، فقد قال شيخ السفينة أن من يمتنع عن التجديف يكون أكله حرام، ولو توقفوا جميعًا لأودوا بالسفينة لهلاك محقق من هجوم أسماك القرش عليها ونفاذ

المؤن والأكل. إذن لابد أن يجدفوا ويدعوا الله أن ينقذهم وينجيهم من عنده. واحتار البحار فيما يفعل، فقرر التجديف في الاتجاه العكسي.. ولكن ما جدوى ذلك، فعدد من يجدفون في اتجاه الموت والهلاك أكثر بكثير مما قد يفعله هو .

فقرر أن يلم كل الأبناء الذين على السفينة مع أبناءه، وبدأ يعلمهم أسس البحرية وتاريخ السفينة والدين ومجاهدة النفس وإصلاح القلوب، أملاً في أنه ربما عندما يصبح أحدهم ربان السفينة يوجهها التوجيه الصحيح ويغير الدفة والمسار من مثلث الموت إلى بر الأمان .

وظلت الأيام تمر والكل يترقب موت القبطان، والهلع يملأ القلوب، والعيون كلها ترصد تحركات هؤلاء من يدعون كبار البحارة والجميع يحاول أن يكون في آخر السفينة حتى لا يطاح به أو يموت خطأ دون أن يشعر به أحد وسط المعارك التي ستكون بينهم صراعًا على السلطة. فمن سيموت من عامة البحارة عندئذ سيكون بلا دية أو ثمن ولن يعاني سوى أهله ولن يتألم سوى من هم مثله!!

ملحوظة: ويمكرون ويمكر الله والله خير الماكرين ..
حين كتبت هذه القصة أرسلتها لبعض أصدقائي بحثًا عن نهاية أفضل فلم نجد، وسبحان الله أن يكتب الله لنا الخلاص بالثورة التي ما كانت تخطر على عقل أيٍّ منا أو يصدق أحدنا أنها قد تحدث يوما!!

143

لأني أحبها لن أتزوجها

جلس الصديقان بالقهوة يتابعان مباراة مهمة، فإذا بأحدهما يشرد بذهنه بعيدًا عن المباراة والصديق الآخر والناس أجمعين .

الصديق ١: ما بك؟ رأيتك شاردًا!!

الصديق ٢: لا شيء.

الصديق ١: تعال نجلس بعيدًا ونتكلم عن ما أنت فاعل.

فيقومان بعيدًا عن الناس..

الصديق١: أتحبها؟

الصديق ٢: بجنون. (ثم يبتسم) إنها فرحة حياتي الوحيدة.

الصديق ١: أنا حقيقة أتعجب من أمرك، ما دمت تحبها كل هذا الحب وتجد القبول من ناحيتها، إذن لماذا لا تتقدم لها وتخطبها؟

الصديق ٢ (في اندهاش): ماذا.. أتزوجها؟ أتزوج من؟ هي؟ كلا كلا، أنا لا أصلح زوجًا لها، إنها تستحق من هو أفضل مني .

أنا حتى لا أجرؤ على مثل هذا الحلم، من أكون أنا حتى أتقدم لخطبتها؟

144

الصديق ١: ما دامت رؤيتك هكذا، إذن لماذا دائمًا تتقرب لها وتشاغلها وتحاول العبث بمشاعرها إن كنت تعلم أنك لا تصلح كزوج لها؟

الصدّيق ٢: لأني أحبها لن أتزوجها.. إن حبها أكبر من أن أتمنى أن تكون زوجتي. كم أتمنى لو كنت أستطيع العودة لزمن العبودية.. لكنت بعت لها نفسي وأصبحت عبدًا مملوكًا لها تحت إمرتها، ألازمها وأحميها .

ياه لكانت هذه هي سعادة الدنيا، أنا لا أستطيع الحياة دون الاطمئنان عليها والتأكد من أنها سعيدة، فهذه هي سعادتي الوحيدة. أتعلم، حين أراها مبتسمة تبتسم لي الدنيا، وإن شعرت أنها حزينة أو وحيدة أو تتألم لأي سبب، تظلم الدنيا في عيني ولا أستطيع النوم وأظل أفكر فقط فيما يمكنني أن أفعل لأجعلها تبتسم مرة أخرى .

أنت لا تستوعب كيف أحبها، أنا لا أستطيع التوقف عن التفكير فيها، إنها تشغل عقلي وقلبي ليل نهار، منذ أن أفتح عيناي أسرع أتلمس أخبارها حتى أطمئن عليها، أحيانًا أشعر أن هذا هو غايتي بالدنيا وما خُلقت له!!

ولا أستطيع أن أنام إلا بعد أن أصلي وأدعو لها أن تحلم أحلامًا سعيدة، وأدعو أن أراها في أحلامي حتى اليوم التالي ..

الصديق ١: أنت مجنون!! كيف تحبها على هذه الشاكلة وتتحمل أن تراها تتزوج بغيرك؟

الصديق ٢: نعم، أتحمل ما دام هذا سيجعلها سعيدة أكثر من أن أتزوجها أنا. إنها كالنجمة بالسماء، أو بالأحرى كأميرات قصص الأطفال، فمن أكون أنا لأتزوج أميرة كهذه؟ إنها يجب أن تتزوج

أميرًا أو ملكًا مثلها ولكن أنا... أنا لا شيء بجانبها. يكفيني أن أعرف ولو من بعيد أنها هانئة مطمئنة بحياتها. ولكن إن علمت غير ذلك فلا أعلم ما الذي يمكن أن أفعله. قد أقتله إن أهانها يومًا وجعلها تنام حزينة أو جعلها تبكي. ولكن كيف يمكن لأي شخص أن يفعل بها ذلك، إنها كالطفلة الصغيرة البريئة، لا تملك سوى أن تبتسم لها وأن تفعل أي شيء من أجل أن تسمع ضحكاتها ترن في أذنيك. ستضيء لي حياتي.. سأظل طوال حياتي أدعو لها بالسعادة في كل صلاة وأتلمس أخبارها من بعيد!!

الصديق ١: أنا لا أفهم مثل هذا الكلام، هذا كلام حكايات وروايات كما قلت أنت، أنا ما أعرفه أنه ما دمت تحاول التقرب منها ومشاغلتها فالأفضل أن تتشجع وتتقدم لخطبتها.. وإلا فدعها وشأنها وابتعد عنها، فحرام عليك أن تشغل قلبها ثم تتركها حائرة وحدها لا تدري ما يجب أن تفعل، إنها ربما تحبك هي الأخرى وتستحي أن تُظْهِرَ لك ذلك .

الصديق ٢: أنا لا أشاغلها كما تقول.. أنا فقط أحاول أن أجعلها تشعر أنها تستطيع الاعتماد عليَّ في أي شيء، وأنها قد تثق بي كصديق مخلص، فأنا أقبل أن تجعلني أي شيء بحياتها حتى ولو خادم.

الصديق ١: صدق الشيخ كشك حين قال في كتابه (حاسبوا قبل أن تحاسبوا): "اذكر اثنين وانسى اثنين، ولا تنهر اثنين واحفظ اثنين، ولا تأمن اثنين على اثنين..

اذكر الله والموت، وانسَ إحسانك إلى الناس وإساءة الناس إليك، ولا تنهر أمك ولا أبيك، واحفظ صمتك وأوقات فراغك، ولا تأمن امرأة على سر ولا تأمن رجلاً على امرأة."

اعلم أن ما تفعله حرام..

ولا تظن نفسك مجنون ليلى، فلو كان قيسٌ تزوج من ليلى لأصبح مجنون من ليلى، الزواج له أسس ومعايير يجب اتباعها حتى تستقيم الحياة، ولكن الحب أوله عمى وآخره جنون. والحب لا محالة يموت مع مرور الوقت، سواء تزوجت ممن تحب أم لا، وكل ما يبقى هو المودة والرحمة.. فلم الحيرة إذن، أَعْمِلْ عقلك!!

وافترق الصديقان، ولكن ظل صديق ٢ في حجرته قلقًا، يروح ذهابًا وإيابًا، فإذا بأمه تدخل عليه..

الأم: لقد شعرت أنك لا تستطيع النوم، ما بك؟
الصديق: نعم ياأمي، إني قلقٌ قليلاً، أتريديني أن أفعل شيئًا؟
الأم: يابني إني أعلم أنك تفكر بها وهذا هو ما غيرك وجعلك قلق، فأنت ما كنت هكذا قط.. كنت دائمًا مرتاح البال، مسرور النفس.

يابني إني أشفق عليك مما ستراه في حياتك بعد ذلك.

ثم تستطرد الأم مازحة مع ابنها الوحيد: دعنا نتسامر قليلاً مثلما كنت طفلاً وأعيد ما قلته لك عشرات المرات وأقوله لك مرة أخرى، فأنا لم أعش غير حياة واحدة لأحكيها عشرات المرات لك.

أتعرف أن الناس والظروف قد تغيرا كثيرا حقًا عن الوقت الذي أنا كنت به في مثل سنك؟ حتى المعاني والقيم والأولويات، كل شيء قد تغير حتى أبسط الأشياء..

فالآن نرى من الجمال أن تحلق المرأة شعرها كله وتصبح صلعاء، والرجل يطلق شعره حتى يصل إلى قدميه.. فلم يعد الجمال جمالاً والقبح قبحًا. وحتى الرجال.. لم يعد الرجل رجلاً.

من الندرة أن تجد رجلاً يتحمل المسؤولية كاملة ويحكم بيته وتطيعه زوجته وتحترمه وتقدره، لم نعد نرى رجالاً عندهم الشجاعة والمروءة والقوة والإحسان، بل أصبح أغلبهم يتمتعون بتبلد الحس وتجاهل الآخرين، أصبحوا جبناء مستسلمين للظلم يعيشون اليوم لليوم فقط، لا يحملون رسالة ولا يفكرون بالمستقبل ولا يتفكرون بالماضي، جهلاء أغبياء عندهم العند طبع. والمرأة أيضًا لم تعد امرأة، بل أصبحت الآن هي الرجل، هي التي تحكم وتقرر وعلي الرجل الرضوخ لأوامرها والطاعة. لم تعد المرأة تتمتع بالأنوثة والحياء، بل أصبحت إما تتشبه بالرجال أو تتشبه بالعاهرات!!

يابني أنا أتفق معك ولا أسيء لحبيبتك، فهي قد تكون بها كل صفات الحديث الشريف وذات مال وجمال وحسب ودين..

ولكنها لا زالت لا تناسبك، يجب أن تكون مناسبة لك من الناحية الثقافية والاجتماعية والمادية .

ثم تتنهد الأم وتسكت لحظة لتراقب تعبيرات ابنها التي ظهر عليها تقبل ما يقال وبوادر الاتفاق على النهاية، فاستمرت قائلة: يابني أنا أعلم أنك تحبها، ولكن صدقني ما يدوم هو الاحترام وليس الحب، وهو ما يقيم الحياة، ولكي تحترمك زوجتك وتقدرك يجب

أن تشعر أنك الأقوى والأحسن والأفضل، حتى تظل كبيرًا في عينيها وليس صغيرًا صاغرًا .

وكما تقول أنت أنها سليلة عائلة كبيرة في الدولة، ونحن مجرد موظفون عاملون بها، أي هم يملكونها، إن أغضبتها يوما قد يحبسونك ولا ندري عنك شيئًا، أموت أنا حينها، أتريدني أن أموت؟ أنت نفسك تقول أن الفتاة نفسها دون أهلها أفضل منك في كل شيء، تقول أنها مثقفة عنك، ومتعلمة تعليم رفيع وراقي وأنت تعليمك حكومي، حتى في الدين، هي ملتزمة عنك وتفقه في الدين أكثر منك، وحتى في الذكاء تقول أنك تشعر أنها الأذكى.. كيف ستستقيم الحياة إذن؟؟

فاكتئب الشاب وبدا في عينيه دموع وانكسار وخذلان، فقررت الأم طرق الحديد وهو ساخن: انظر حولك ربما تجد من هي مناسبة لك أكثر وتحبك وتراك كأنك الهرم الرابع. أَتَعْلَمُ.. داوها بالتي كانت هي الداء. ارتبط بفتاة أخرى، هي التي ستنسيك وتسعدك، ما رأيك بابنة جارنا الجديد، هي فتاة جميلة رقيقة دمثة الخلق وأهلها أناس طيبون، تعال لتراها وبعدها قرر ما أنت فاعل.

وبعد عدة محاولات من الأم يوافق الشاب على زيارة الجيران زيارة بريئة عادية لا يتقدم فيها ولا يخطب. وفعلاً ذهب ولكنه حين رأى الفتاة وجدها حقًا كالقمر، وحين حاول أن يحادثها احمر وجهها خجلاً، فأعجب بها كثيرًا وعاد يومها حائرًا من أمره، كيف يعجب بفتاة وهو يحب أخرى؟؟!!

وبعد عدة زيارات بدأ يشعر أنه مسؤول عن هذه الفتاة وأنه لا يريد أي مكروه لها ولا أن يجرح مشاعرها، فهي رقيقة وبريئة وشعر أنها فعلاً تحبه. ومع كثرة الطن على الأذن من والديه قرر أن يخطب هذه الفتاة، خاصة بعدما ساءت كثيرًا علاقته بامرأة أحلامه .

فبعد حديث أمه كلما رأى فتاة أحلامه شعر بالضعف وقلة الحيلة وبُعْدِ المسافة، ثم بدأ خياله ينسج له أنها تتكبر عليه حينًا.. وبدأ يفسر بعض حركاتها بالازدراء له حينًا أخرى، كما كان خياله سابقًا ينسج له أنها ملاك من السماء. فخياله هو خادمه الذي يتحكم به لا إراديًا، وقد أعانه كثيرًا على إقناع نفسه أنه هكذا يفعل ما هو صحيح بزواجه من جارته وسيكون أكثر سعادة.

بعد مرور عدة سنوات وانشغال زوجته عنه بالأولاد، بدأ يشعر بالحنين للماضي ويتذكر أميرة أحلامه ويتمنى لو يراها ولو لمرة واحدة قبل أن يموت. فيذهب كعادته القديمة يتلمس أخبارها فيقابل خادمتها التي كانت مرسال غرامه، فهي التي كانت تعطي خطاباته لسيدتها دون أن يعلم أحد. ولكنها حين رأته هذه المرة اكفهر وجهها وتحشرج صوتها وغضبت لرؤيته .

الصديق: ما بك؟ لقد جئت فقط لأطمئن عليها ولا داعي لتخبريها بمجيئي .

الخادمة: أنا لن أستطيع أن أقول لها أي شيء، يبدو أنك لا تعلم شيئا!!

لماذا لم تجيء المستشفي حين أتيت لك وتركت لك خبرًا مع والدتك بضرورة حضورك؟

الصديق يذهل مما تقوله الخادمة ويسأل في جزع: أي مستشفى؟؟ أهي مريضة؟؟

الخادمة: البقاء لله ياسيدي، لقد توفيت سيدتي منذ عامين.

الصديق يسقط على الأرض من هول ما سمع.

ثم يسأل في أسى: ماذا حدث؟؟

فتجيبه الخادمة أن سيدتها قد توفيت بعد دخولها في غيبوبة إثر آلام الوضع الرهيبة، وقد قال الأطباء حينها أنها من الممكن أن تفيق من الغيبوبة فقط إذا كان عندها رغبة بالحياة، ولكن يبدو أنها كانت تعيسة حزينة لدرجة أنها فضلت مفارقة الحياة، وحينها طلب منا الأطباء أن نأتي لها بكل من تحب فلربما ساعدوها على العودة للوعي والرغبة في الحياة مرة أخرى. وأنا حينها قد أتيت إلى منزلك القديم وقلت ذلك لوالدتك التي وعدتني أنها ستخبرك ولكنك لم تأتِ!!

وبعد ذلك بأيام فارقتنا سيدتي الصغيرة وقد ندم كل من حولها على أنهم ظلموها كل هذا الظلم أثناء حياتها..

فقد ظلمها أبوها بزواجها بعدما عثر على خطاباتك وعلم أنها تحبك، وقد ندم زوجها على إجبارها على الحمل والإنجاب سريعًا بالرغم من رفضها لذلك، فقد كان يشعر أنها لا تحبه ولذلك لا تريد الإنجاب منه، ويوم وفاتها ظل يبكي ويتأسف ويقول أنه كم كان أحمق.. كما لو كانت تعرف ما سيحدث وكانت ترفض الإنجاب، لا لأنها لا تحبه ولكن هربًا من الموت!!

وبعدما صمتت قليلاً وبدأ يتمالك نفسه، سألها عن أحوال الأسرة الآن والمولودة، فأجابت الخادمة في أسف: ياسيدي كل الناس ينسون لتمر الأيام، لقد تزوج الزوج بعد وفاة سيدتي بعدة شهور.

151

ولقد صعق الجميع لهذا الخبر، بعد أن ظننا أنه سيموت وراءها، ولكنه ترك لنا المولودة لتتربى في حجرة سيدتي.

وبعد صمت قليل، قالت الخادمة: إنها مشيئة الله، ربما لو كنت أتيت لأنقذتها رحمها الله، ادعُ لها، لقد كانت تدعو لك دائمًا بالسعادة في الدنيا والآخرة. وقالت لي في ليلة زفافها أنها سامحتك على تركك لها وتخليك عنها. لقد ظلت تبكي طوال الليل وتتساءل كيف يمكن أن يتبدل كل هذا الحب بتلك القسوة؟ وكيف بعدما كنت تتسلل وتظل طوال الليل –كل ليلة- تدور حول البيت فقط لترى ظلها، أن تهجرها عنوة هكذا؟ وكانت تلوم نفسها كل ليلة على أنها بالتأكيد قد فعلت شيئًا لم تقصده جعلك تكرهها، أصحيح أنك كرهتها ياسيدي؟ ماذا فعلت سيدتي لتجعلك تفعل بها كل ذلك؟

فتركها الصديق دون أن يجيب وتثاقلت قدماه، وكان يسير ويقع بين الحين والحين كأنه يجذب جبل. ذهب بعدها لأمه وسألها عن سبب عدم تبليغه خبر وجود حبيبته بالمستشفى؟
فأجابت الأم: كيف أقول لك؟ أتظنني أشارك في هدم بيتك وتدمير سعادتك؟ أنت قد نسيتها وما كان قد كان، أنا فعلت المستحيل لأعينك على أن تستقيم حياتك، فكيف أقول لك إذن؟ والحق أيضًا لقد ظننت أنها طلقت من زوجها بسببك فدبروا لك هذه المكيدة، إما ليزوجوك إياها أو لينتقموا منك فآثرت الصمت.
فأجابها: ارتاحي ياأمي، لقد ماتت، أراحها الله من ظلم الناس جميعًا.. أنا ظلمتها، وأنتِ ظلمتيها، وحتى أهلها لم يرحموها فرحمها الله واختارها عنده وأنقذها منا جميعًا، وحتى ترتاحي أنتِ الأخرى ياأمي.

ثم دخل حجرته وأغلق الباب وظل يفكر بما كان وبما سيكون!!

وقال محدثًا نفسه: صديقي كان محقًا، لقد كنت أنانيًا إلى درجة لا توصف. في البداية، اهتممت بحبي لها ولم أهتم بمشاعرها هي ولا التأكد إن كانت تحبني أم لا، وفي النهاية هي لم تقترف سوءًا أو تتغير، ولكن أنا من هيأت لنفسي أنها لا تحبني حتى أستطيع الزواج والاهتمام بنفسي، وتركتها شاردة وحيدة تسأل وتتألم ولا أحد يجيب أو يداوي. حتى لما ماتت لم أكن بجنازتها ولم أشارك بدفنها ووداعها!!

فقام وتوضأ وصلى عليها صلاة الغائب وظل يدعو لها ويبكي ويطلب من الله أن يجعلها تسامحه، ثم ظل يستغفر الله على ما اقترف، ودعا الله أن يغفر له. فحتى لو هي سامحته كما قالت للخادمة فهو لن يسامح نفسه، بل احتقرها وكرهها، فهو ما كان بالحبيب الوفي ولا الزوج المخلص.

وإذا بصوت ابنته عبر الهاتف التي تحمله أمه يقطع كل هذه الأحاديث: يابابا لن آكل حتى تأتي.

فيهرع لابنته ويحتضنها بقوة ويضحك حين يراها ويقلق عليها من أن يكون لها مصير مؤلم كمصير حبيبته.. ولكنه يبعد هذه الهواجس عن رأسه.

وكما قالت الخادمة: الكل ينسى لتمر الأيام..

فالزمن لا يتوقف عند موت أحد قط مهما كان.

خواطر مصرية بأمريكا

انطباعاتٌ خاطئةٌ قبل السفر :

قبل السفر لأمريكا كنت قلقةً وخائفةً. الحقيقة في البداية أيضًا لم أكن أحب أمريكا ولا أحب فكرة السفر إليها، ولكن لظروف عمل زوجي اضطررت للسفر معه .

استعددت للسفر وأيضًا بجمع معلوماتٍ عن المدينة التي سأقطن بها وحولها، وتحققت من معدل الجريمة .

ملحوظة: لأن أمريكا قارة كاملة، فبالطبع ما أقوله عن مكانٍ قد يختلف في مكانٍ آخر، فأنا عادةً سيكون حديثي عن نيويورك، لأن هذه هي الولاية التي أعيش بها، خاصة المدينة التي أسكن بها وهي تدعى فيشكيل .

• كنت أظن أن أمريكا كلها مثل بعضها، ولكني اكتشفت أن كل ولاية تعتبر دولة مستقلة بذاتها، هذه تشتهر بأن كل سكانها يحملون أسلحةً فلا داعي للقلق، وهذه أمانٌ بحيث أن آخر جريمة تمت بها كانت سرقة وكانت منذ أعوامٍ عديدة، وهذه منطقةٌ لا يدخلها البوليس، وهذه منطقةٌ غنيةٌ مليئةٌ بالقصور، وهذه فقيرةٌ جدًا، مليئةٌ بالقمامة والشحاذين الذين ينامون بالطرقات، وهذه مناطق هادئة، وأخرى مناطق مليئة بالضوضاء، بالرغم من قربهم الشديد من بعضهم البعض في المسافة.. .. إلخ

• كنت أخاف من العنصرية ضد الإسلام، ولكني اكتشفت أنهم قليلون من يفعلون أو يُبْدُون هذا السلوك، بل حتى من يشعر بذلك

لا يظهره بوضوح، ولكن عادةً يلجأ لأساليب أخرى للمضايقة، حتى لا يظهر أن هذا هو السبب الحقيقي. وقد فوجئت بأنه في بعض الأحيان يبالغ الناس بهذا الشأن جدًا. فحقيقةً دائمًا الناس يسلمون على بعضهم مع ابتسامة حتى لو لا يعرفون بعضهم البعض. أتمنى أن يعود المسلمون لهذا عملاً بحديث الرسول عليه الصلاة والسلام: "أفشوا السلام بينكم". وكان العديد من النساء يقِفْنَ معي ويبدين إعجابهن الشديد بعباءاتي المطرزة، ويتمنَّين لو كانت هناك طريقة لحصولهن عليها، ولم يبد أحد امتعاضه من رؤية الحجاب والعباءة إلا في أماكن معينة، مثل مكان البرجين مثلاً، فكانت الناس تنظر لي كأني أنا من فَجَّرَهُمَا!!

وقد اشتكت لي عدة صديقاتٍ من أحداث اضطهادٍ حدثت لهم، خاصةً مع ارتدائهم الحجاب في ولايات أخرى. غير أن الإعلام تحدث عن بعض حوادث قتل قليلةٍ جدًا ومتفرقة، حدثت لمسلمين بذريعة العنصرية فقط .

• كنت أظن أن معدل الثقافة عند عامة الناس أعلى من ذلك كثيرًا، بسبب انتشار الإنترنت والتكنولوجيا والبرامج البَنَّاءَةِ الهادفة، ولكني فُجِعْتُ بما وجدته!! فهم يركزون على أمريكا وما يحدث بأمريكا فقط، كأن العالم يقتصر على أمريكا فقط.. ونادرًا ما تجد "أمريكيًّا" يحمل شهادةً جامعيةً.. الجميع يتوقف عند ما يوازي الثانوية العامة.. والأعلى من ذلك هم النوابغ أو الأغنياء فقط. فالتعليم الجامعي في أمريكا باهظ الثمن، حتى أنك تجد إعلاناتٍ لشركاتٍ تقوم بعمل برامج للادخارات لتعليم أبنائك منذ أن تلدهم.. وعادةً تصلك هذه الإعلانات على البريد في منزلك دون سعي منك. فهم ليسوا كأوروبا، ففعلاً معدل القراءة والثقافة في أوروبا أعلى كثيرًا.. حتى أن هناك بعض البرامج الكوميدية

التي تسخر من ذلك، فتسأل أسئلةً تافهةً، مثل أين توجد العراق أو إيران أو السعودية أو إنجلترا.. فقليلاً ما تجد من يجيب إجابةً صحيحة. وأيضًا على خلاف أوروبا، حين تركب أي حافلةٍ أو وسيلة مواصلات، لا تجد الناس تقرأ ويحملون الكتب، بل يفضِّلون الحملقة في المحيطين، ومحاولة فتح أي حديث عن أي شيء، للتسلية وللتعرف على أشخاصٍ جددٍ حتى الوصول .

• وبالرغم من أن معدل التعليم في العادة عند العامة يتوقف عند الثانوية العامة، إلا أن الكثيرين يجدون عملاً محترمًا وبمرتباتٍ جيدةٍ، ويجدون الاحترام والتقدير من الجميعز وهذا تجده منطقيًّا.. فأغلب الوظائف في الواقع لا تحتاج لشهادةٍ جامعية، فمن يَرُدُّ على التليفونات ويقوم بعمل الحجوزات في المطاعم والفنادق.. . إلخ، ما حاجتهم إلى شهادة جامعية؟

• كنت أظن أن مستوى الذكاء عند العامة عالٍ، ولكني اكتشفت أن كل شيء له نظام، ولا يعتمدون بالمرة على ذكاء الأفراد. كل شيء له قواعده المنشورة بوضوح، وعلى الجميع اتباعها. وقد تأكد حدسي حين بدأت ابنتي في الذهاب للمدرسة والاشتراك في بعض النشاطات مع أقرانها الذين يمثلون نفس السن، ففوجئت بهدوء الأطفال الشديد وعدم استطاعتهم القيام بأشياء بسيطة، وحين تحدثت مع عدة معلمات أَكَّدْنَ لي هذه المعلومة: أن الأطفال القادمين من الشرق الأوسط هم الأعلى ذكاءً على الإطلاق، يليهم أطفال أمريكا الجنوبية، ثم أطفال النازحين من أوروبا.. ولكن مع التعليم والتواجد بالبيئات الصحية كل ذلك يتغير بالطبع .

• في الأفلام الأمريكية تجد عادة الشباب يتجمعون ويتركون المنازل لعائلاتهم، ويُكَوِّنُون فرق موسيقى، ويسافرون لولاياتٍ أخرى للعمل بمسارح مانهاتن أو استوديوهات هوليوود.. فتَكَوَّنَ

عندي معتقدٌ بالمادية الطاغية وانعدام المشاعر والتفكك الأسري والحرية الجنسية التي تبدأ مبكرًا مع سن المراهقة، وهكذا.. ولكني حين عشت هنا وجدت أنهم على درجةٍ عاليةٍ من الترابط الأسري، وأقلهم ترابطًا يجتمع بالأسرة من الجدود للأحفاد مرتين بالسنة فقط، في عيد الشكر(Thanksgiving) ، الشهير بطبخ الديك الرومي، وأعياد رأس السنة. ولأن الجميع على مستوى مادي معتدل، فلم أشعر بالمادية الطاغية على المشاعر، بل في أغلب الأحيان تجد من يعرض المساعدة، وعادةً يسأل الجيران ويطمأنون على بعضهم، حتى لو لم تكن هناك علاقةً مباشرةً، أو سابق معرفة. بل من أكثر الأشياء اهتمامًا في أمريكا هي الزواج، وكيفية تقديم خاتم الزواج مع طلب العروس، ودائمًا تجد الجميع يهتم بإقامة العُرس بالكنيسة في حضور جميع الأهل والأصدقاء، تمامًا مثل مصر. وعادة لا يرحبون بالحياة غير الشرعية ولا الأطفال غير الشرعيين .

• أما ما تعطيه الأفلام الأمريكية من فكرةٍ عن اتخاذ صاحب الفتاة

أو صاحبة الفتي Girlfriend, Boyfriend والحرية في ذلك، فهو لا يعكس الحقيقة، فالآباء والأمهات عادةً يهتمون بهذه المسألة، وتكون تحت رقابةٍ شديدةٍ حتى سن الجامعة تقريبًا.. وعادة لا يخجل الشباب هنا من مصارحة أهلهم وأخذ رأيهم في علاقاتهم مع أصدقائهم بصفةٍ عامةٍ، وعلاقاتهم العاطفية بصفةٍ خاصة .

• الاهتمام بالذات وتجاهل الآخرين ليس من سمات الناس إلا في المدن الكبيرة، أما المدن الصغيرة فتجدها مثل قرى مصر.. الجميع يعرف بعضهم البعض ويسألون عن بعضهم. بل أحيانًا

157

تشعر أنهم فضوليون ويحاولون السؤال على أي شيءٍ وكل شيءٍ، ولو حَدَثَتْ حادثةٌ على الطريق تجدهم يتصرفون مثل مصر، الكل يقف ويحاول التعرف على سبب الحادثة، وإن كان هناك مصابين.. بالرغم من أنه دائمًا ما تصل الشرطة والإسعاف والمطافيء في سرعة، وبطريقةٍ مبالغ فيها.. فأحيانًا تكون حادثة بسيطة ولكن مثلاً في مكانٍ حساسٍ أو بالقرب من محطة بنزين، فتجد طائرات الهليكوبتر في الجو.

• الخمر هنا مكروه.. ودائمًا تجد إعلانات وتحذيرات من القيادة والقائد مخمور، وعقابها شديدٌ، يصل إلى المنع من القيادة تمامًا أحيانًا أو الحبس .

رؤى بعد السفر :

• أمريكا من بلاد الاستيطان.. أي من البلاد القائمة على الهجرة. فدائمًا في الهيئات والمؤسسات الحكومية تجد الكل سواسية. لا تحاول جعل أي شخصٍ يشعر أنه أجنبي أو مضطهد، بل من يفعل ذلك من الممكن محاكمته.. فهي تهمة يعاقِب عليها القانون. ولكن يجب توَخِّي الحذر، لأنه كما أن هذه ميزة فهي عيب، لأنه من الممكن أن تتسبب في انتهاء الرابطة بالبلد الأصلي بعد جيلٍ واحدٍ فقط. أذكر أننا يومًا كنا على مركبٍ لمشاهدة الحيتان في المحيط، فسألتني سيدتان عن بلدي، فأجبت: مصرية.. ولكنهم سألوني عن ابنتي، فقلت: مصرية أيضًا. فتعجبوا وسألوا: ألا تحمل ابنتك الباسبور الأمريكي؟ فأجبت: بلى. فقالوا: ما دامت تحمل الباسبور الأمريكي، إذن هي أمريكية.. بغض النظر عن أصلها وبلدها الأصلي، فلو سألك أحد بعد ذلك عن جنسية ابنتك فيجب أن تقولي أمريكية .

• فعلا حاولت التعرف على من هو الأمريكي تحديدًا وملامحه فلم أستطع.. الكل أمريكي والكل متساوٍ في الحقوق والواجبات مادام يحمل الجنسية. أنا أجنبية ولكن ابنتي أمريكية، وهذا أيضًا يظهر بشدة في فِرَقِ أمريكا الأوليمبية، حيث تجدهم من كل شكلٍ ولونٍ ولغة.

• لا يوجد عمال أو خادمين. وإن وُجدوا تجد أسعارهم خيالية، فتفضل فعل الشيء بنفسك. فزوجي وأنا تعلمنا مثلاً السباكة والنجارة حتى لا نلجأ لعمالٍ ونغرم مرتب الشهر. وبالطبع هذا عَلَّمَ أي مصري لم يكن يحترم مثل هذه الأعمال اليدوية أن يحترمها ويقدرها ويعظم لكل من يقوم بها. فحين تذوق الأَمَرَّيْنِ

من تلك الأشياء بالغربة، تعود لتقدر من ينقذك منها في مصر بكل راحةٍ ويسر .

• لا يوجد فوارق طبقيةٍ أو فجوةٍ اجتماعيةٍ كبيرة، الكل متساوٍ، والكل يعيش في مستوى متقارب، والكل يأكل تقريبًا في نفس المطاعم ويذهبون للتنزه بنفس الأماكن.

• بناءً على النقطتين السابقتين، تُفاجَأ مثلاً حين تدخل قصرًا كبيرًا، وتجد أن زوجة صاحب المكان هي التي تقوم بالتنظيف والطبخ والأعمال المنزلية، وربما بالسباكة، ويقوم زوجها بقص الحشائش ورمي الزبالة وإزالة الثلج من على السيارة ومن على الطريق المؤدي للمنزل. فتتعجب أنه كيف لشخصٍ عنده مثل هذا القصر، ولا يوجد عنده خدم ولا حشم. بل وتكون الفاجعة حين تعرف مثلاً أن صاحب المنزل هو أصلاً يعمل جزارًا أو عامل سباكةٍ أو بنَّاء!

• الزرع بكل مكان.. فالله أنعم عليهم بغاباتٍ تزيل أي تلوث، وهم يحافظون على ذلك جيدًا.

• لا يفرق ماذا تفعل.. المهم أن تفعله بتميز. فالمتميز هنا في الحياكة مثلاً سيحقق عائدًا سنويًا أعلى كثيرًا مما قد يحققه أستاذٌ جامعيٌّ عادي.

• الخدمات متوفرة في كل المناطق على حد سواء، فليس مثل مصر أهل القرى والنجوع يكون عليهم السفر للمراكز والمدن لعمل الأوراق الحكومية. لا.. هنا في أغلب المتطلبات تجد الخدمات متوفرة في الأماكن النائية قليلة السكان مثل المدن

الكبرى المتخمة بالسكان.. وهذا طبعًا يعكس أن مستوى رفاهية الفرد وسعادته أعلى من دول أخرى.

• تعجبت كثيرًا حين رأيت أن العرب والمصريين لا يخجلون من القيام بأي عملٍ هنا ما دام يدر الرزق، ولكنهم يرفضون فعل ذلك في بلادهم!!

• البريد... البريد هنا معجزة فعلاً! كل شيء بالبريد.. ذُهِلْتُ أنا وزوجي حين طُلِبَ منا الذهاب لمكتب البريد لاستخراج جواز سفر ابنتي، فأنهينا هناك الإجراءات وقدمنا الأوراق المطلوبة، وبعد فترةٍ محددةٍ وجدنا الجواز يصل على صندوق بريدنا بالبيت. ومرةً أخرى كنا نريد الحصول على فيزا لكندا، وحين طلب زوجي السفارة للاستعلام، طلبوا منا إرسال الأوراق والجوازات بالبريد، وبالفعل بعد الفترة التي أعلمونا بها وجدنا الجوازات تعود لنا والحمد لله وعليها الفيزا، في صندوق بريدنا أيضًا!!!!

• المكان لا يغير البشر.. ومن شبَّ على شيء شاب عليه. هنا العرب في حي باترسون بنيوجيرسي (هذا يعتبر الحي العربي) والمصريين بكوينز بنيويورك (الحي المصري) أثبتوه لنا. كنا نظن أنه حين توجد القواعد والنظام والمساواة والقوانين والقائمين عليها ومعاقبة من يخطئ في بلادنا، ستتحسن أوضاعنا وينصلح حالنا، ولكن كل هذا موجودٌ هنا بالفعل، وبالرغم من ذلك تجد البشر لا يتغيرون!!

• فمثلاً ذهبنا يومًا لكوينز لمشاهدة نهائي البطولة الأفريقية هناك، وحين وقفنا في مكانٍ يُسْمَحُ لنا قانونيًا بالركن فيه، وجدنا صاحب المحل المقابل –مصري طبعًا- يصرخ بنا: "اركنوا بعيد ده محل

أكل عيش، هتقفلوا باب الرزق علينا ليه". وطبعًا بدأ بالاستعداد برش الماء لو أصرينا !!!

• المهم دخلنا مكان يعرض المباراة، وهو مثل الكوفي شوب في مصر.. ولكننا وجدنا صاحب المكان مذعور ويدعو الله طوال الوقت أن يستر وألا يحل الخراب على بيته، وأجلسنا بعيدًا في مكانٍ معزول، لتواجدي مع زوجي واثنين من أصدقائنا.. وكانت علىٰ ما أذكر مباراةً بين مصر وتونس، ومصر كسبت في آخر دقيقة بركلة من أبو تريكة، فإذا بصاحب المكان يلطم خديه بعد المباراة، وعرفنا لماذا كان يتوقع الخراب، فالتوانسة كسروا الشِيَشْ والأكواب التي بالمحل من غضبهم، والمصريين أيضًا كسروا الكراسي من الفرحة، وحمد الله صاحب المكان أنه لم يحدث أي تكسير بمرايات الحوائط، وأنا حمدت الله أنه لم تحدث أي مشاجرةٍ بين الطرفين ولم تصل إلى التشابك بالأيدي.

• أما عن باترسون فحدث ولا حرج.. تجد المنازل غير مطليةٍ، وتشعر كأنها أماكن فقيرة في مصر. الكراكيب وعدم النظافة في كل مكانٍ، والأطفال في الصيف يجرون في الشوارع بالملابس الداخلية!! رغم أني كنت سعيدة أني وجدت مكانًا كل لافتات محاله مكتوبةٌ بالعربية والنساء المحجبات كثيرات جدًا ومحلات العبايات منتشرة، كأني سافرت لإحدى الدول العربية.

• الإنترنت.. فعلاً أي وكل ما يخطر لك على بالٍ تجده بأطراف أصابعك. وسأعطي مثالاً مضحكًا، فنحن مثلاً لا نأكل اللحم هنا، ودائمًا كنا نسافر لنشتري مخزونًا كبيرًا من اللحم الحلال، سواء من كوينز أو باترسن.. ولكن زوجي وجد موقعًا على الإنترنت

يبيع اللحم الحلال، فأصبح يصلنا بالبريد كرتونة كبيرة بها أكياس ثلجٍ وبداخلها اللحم !!

• أغلب العاملين بالتدريس بالجامعات وأماكن التكنولوجيا حتى الآن من خارج أمريكا.

• اعتقد أنه بعد سنواتٍ قليلةٍ سيكون على من يريد الحياة بأمريكا أن يتعلم اللغة الإسبانية وليست الإنجليزية. وقد ظهر ذلك أيضًا في الانتخابات الرئاسية السابقة، حين أعلنت هيلاري كلينتون رفضها لتغيير اللغة الرئيسية للدولة أثناء حملتها الانتخابية.

• اليهوديات من السهل جدًا التعرف عليهنَّ من ملابسنَّ. فتجدهنَّ مثلاً في الصيف يلبسن مثلنا بأكمامٍ طويلةٍ، وملابس تصل حتى الأرض، ولكنها عادة سوداء. نعتقدً أنهم يعرفون العربية جيدًا من التعامل مع القليل منهم في المحلات، ولكن من الأفضل تجنبهم. ومعلومة عامة: إنهم يحافظون على هُويتهم، ويتلونون فقط حين يستلزم الأمر.

• و هذا في الحقيقة أثار غيظي، فاليهودات يحافظن ونحن نحاول التشبه بالأمريكيات بشدة. حين رأيت الكثيرات من المسلمات يتنازلن ويغيرن طريقة ملابسهن بحجة أن يندمجوا في الحياة الجديدة، فتجد من كانت ترتدي عباءات في مصر مثلاً، تجدها هنا تلبس الجينز والبلوزات القصيرة.. ومن كانت محجبةً بمصر تخلع الحجاب وترتدي العاري!! فبالطبع كل هذه حججٌ واهيةٌ لا معنى لها.. لا أحد يجبر أحدًا على تغيير ملابسه هنا، وبالطبع فإن الجميع يتعجب أني كنت أرتدي عباءات في مصر، ولا زلت، حتى بعد مرور ٦ أعوام من الحياة هنا.. ربنا الهادي!!

• وأحب تبعًا للنقطتين السابقتين أن أنوه أن العولمة معناها: تَقَبُّلُ الآخر بلغتة وعاداته وملابسه، وليس معاناها التقليد الأعمى لكل ما تقع عليه أعيننا.

• اكتشفت أن الأمريكيين يعشقون الأولاد والكثرة، فتجدهم مثلاً ينجبون خمسة أبناء ويتبنون خمسة آخرين!!

• أكبر أمنية ونجاح من الممكن أن يحققه أي فرد هو شراء منزل وسيارة وتخليص أقساطها. فالبنك يمتلك كل شيءٍ ويعطيهم فقط حق الاستخدام مقابل تسديد الأقساط. وهذا بالطبع يسبب ضغوطًا نفسيةً وماليةً.. وعادة بسبب الربا تتراكم الديون ويعجزون عن التسديد. ولهذا تجد الإعلانات الأكثر انتشارًا هي إعلاناتٌ لشركاتٍ تقوم بإعادة جدولة الديون والاتفاق مع البنوك.

تعليقات منتشرة وانطباعات شائعة من المصريين الجدد

• الشكوى من أن شوارع الطرق السريعة غير مضاءة.

• خوف من القيادة ليلاً أثناء الظلام، وعدم وجود سيارات حولك، ثم تضاء أمامك لوحةً تحذيريةً من سقوط صخورٍ أو عبور غزالٍ أو حيواناتٍ برية.

• الشكوى من الإزعاج بالبيوت، لأن البيوت مصنوعةٌ من خشب، فشكلها جميلٌ ولكنها لا تعزل الأصوات. فهذا عادةً يُفْزِعُ المصريين الجدد، لأنهم يظنون هذه الأصوات تحدث ببيتهم، وعادةً يظنون أن أحدًا دخل البيت دون أن يدروا، وعادة يأخذون بعض الوقت حتى يتعودوا على التفريق بين الأصوات التي تأتي

من بيوت الجيران، والتي تأتي من داخل بيتهم.. وهذا بالطبع يفزع النساء جدًا ويشعرهنَّ بعدم الأمان .

• دائمًا كل من يأتي من مصر ونأخذه للذهاب للتَنَزُّه ورؤية البلد، تجده يحاول إيجاد تشابه بين هذه الأماكن وأماكن في مصر، ودائمًا ما نضحك من ذلك. فأنا شخصيًا فعلت هذا أيضًا، كأني كنت أحاول أن أثبت لنفسي أن مصر مثل أمريكا.. وأنهم ليسوا أحسن منا.

• نفاجأ بالطبع حين نعرف أن وظيفة الحلاق مثلاً هي من أعلى الوظائف طلبًا في أمريكا، ومن أعلى المرتبات أيضًا.. وأن الحلاقين المصريين المهرة يحصلون عادةً على الجنسية بسهولة.

• دائمًا المصريون الجدد يعلقون على عدد المصريين الكبير جدًا الذي دخل أمريكا بجوازات سفر أمريكية.

• دائمًا نتعجب أول ما نصل أمريكا من انتشار من يقول لنا "السلام عليكم" باللغة العربية. في بداية الأمر كنت أقلق وأظن أن هؤلاء يراقبونا، ويعتمدون على أننا نظن أنهم لا يفهمون العربية فنتحدث على حريتنا وسجيتنا ونقول ما لا يجب أن نقول.. ولكني كنت مخطئةً في أغلب الأحيان .

• التعجب من كيفية الحياة هكذا في بيوتٍ وسط الغابات بعيدًا عن العمار أو الناس، وبالتبعية لابد أن نحذرهم من محاولة الاقتراب من تلك المنازل، ونذكر لهم قصة الطالب الياباني الذي قُتِلَ لأنه تاه، فحاول أن يطرق باب أحد هذه المنازل للسؤال عن الطريق،

وقد حذره صديقه الأمريكي ولكنه لم يصدقه، فقتله صاحب المنزل فورًا ودون أن يخرج له أو يسمعه.

• إنها فعلاً كما يسمونها أرض الوفرة Land of plenty.. فالعبوات التي يباع بها أي شيء كبيرة جدًا لأن ذلك يوفر لهم. بالطبع هذا يزعج المصريين الجدد لأنهم لا يعرفون أي المنتجات أنسب، فيحاولون البحث عن كمياتٍ صغيرةٍ للتجربة والتعرف على المنتجات، وحين لا ينجحون بذلك ويضطرون لشراء هذه العبوات الضخمة، يشعرون أن البائعين يحاولون "تدبيسهم" وابتزازهم.. ولكنهم بعد ذلك يعرفون أن هذا هو نظام هذه البلدة: الكثرة والوفرة.. كما في الأطفال ومِسَاحَات المنازل والحدائق والبحيرات والأمطار.. وكل شيء.

نصائح للمصريين الجدد :

• لو فقدت الطريق أو احتجت إلى مساعدةٍ من أي نوع فاطلب الشرطة على الفور.. رقمها ٩١١. فهناك الشرطة فعلاً في خدمة الشعب.

• لو أوقفك ضابط شرطة وأنت تقود، لا تنزل من السيارة أبدًا.. لأن هذا يعني أنك تنوي الاعتداء عليه، وربما أرداك قتيلاً على الفور.

• لا تغتر بأن الناس في العادة محترمين، وتحاول أخذ حقك أو أن تشكو بتعلية الصوت مثلما يفعل البعض في مصر.. فلو فعلت ذلك تجد من أمامك على الفور يتحول من شخصٍ متحضرٍ يتكلم بهدوء، إلى شخصية راعي بقر لا يهمه القانون.. فأنت بارتفاع صوتك قد اعتديت عليه. وهناك دائمًا طرقٌ مشروعةٌ وبخطوات محددة للمطالبة بحقك أو الشكوى.

• التأكد دائمًا باختلاف الفصول من درجة الحرارة قبل الخروج.

فالجو هنا أحيانًا يكون عكس ما تعودنا في مصر تمامًا:

فمثلاً في فصل الشتاء: لو كانت الشمس بازغةً، فهذا معناه أن درجة الحرارة قليلة جدًا، وبالتأكيد تحت الصفر بكثير. فالجو في الشتاء يكون دافئًا حين يكون ممطرًا.. فهذا معناه أن درجة الحرارة فوق الصفر. وحين يهطل الثلج من السماء فهذا يرفع درجة الحرارة أيضًا.. وكذلك حين تكون السماء ملبدة بالغيوم .

ودائمًا احذر من الجلوس في الشمس.. فالتعرض المباشر لها لمدةٍ طويلةٍ دون وضع الكريمات اللازمة، قد يسبب -لا قدَّر الله- سرطان الجلد. الشمس هنا ضارةٌ وليست مفيدةٌ مثل مصر، ويفسرون ذلك بسبب زاوية نزول الشمس على القارة.

• الملابس هنا للتدفئة وليس مثل مصر بكثرة الملابس. ولكن عادةً تجدهم يلبسون ملابس خفيفة في الوزن، ولكنها تدفئ بشدة. والأهم هو لبس ما يدفئ الأطراف والأنف والرقبة والأذن، فتجدهم أحيانًا يرتدون أغطيةً للوجه تشبه التي يستخدمها اللصوص في مصر.. لا تُظْهِر إلا العينين، وسروالاً قصيرًا فوق الركبة، ويمارسون الرياضة هكذا مثلاً.

• التأكد من معدل الجريمة والاحتياطات اللازم اتخاذها قبل الذهاب لأي منطقة.. وهذه المعلومات متوفرةٌ بشدةٍ على الإنترنت.

• الأسعار هنا "تطلع وتنزل".. فلا يجب الفزع لو تم الإعلان عن ارتفاع سعر سلعةٍ معينةٍ.. فهذا ليس معناه أنها ستظل هكذا أبد الدهر.

حكايتنا مع أولاد العم في بلاد العم سام
الحكاية الأولي

أنظرمن العين السحرية للباب لأجد حوالي عشرة رجال بالخارج كل رؤوسهم مغطاة بما نسميه نحن اليكمات - إسمها الحقيقي كبة أو اليرمولك- و الضفائر و القبعات السوداء، و الجميع يرتدي هذا الزي الموحد القميص الأبيض و البدل السوداء ما عدا إثنين في الخلف لم أستطع رؤية وجوههم لأنهما أطول من الباب و لكنهما يرتديان زي العمال و عليه علامة المجمع السكني الذي نسكن به.
كنت أعلم أن أحدهم قادم ليتفقد ما قام به العمال في الأسبوع السابق و لكني تخيلت أن شخصا أو اثنان فقط علي الأكثر وليس كل هذا العدد.. عليّ أن أفتح، ففي عقد الشقة من حق الإدارة الدخول علي الفور دون إستئذان في حالات الطوارئ أو بعد عدم سماع أي إستجابة من الداخل علامة علي عدم وجود أحد بالمنزل و يكتفي بترك ورقة كإخطار بدخولهم الشقة مع تحديد الساعة و اليوم و السبب.. إذن سيدخلون لا محالة !!
فأجبت سريعا بالإنتظار لدقائق و هرعت للتليفون المحمول و كلمت زوجي و قلت له ما يحدث فرد بترك المحمول مفتوحا حتي يتسنى له سماع ما يجري، و في نفس الوقت جهزت رقم الشرطة علي التليفون الأرضي بمجرد ضغطة أطلبهم حتي يكون هناك إثبات لو أي شئ حدث.
الحقيقة كنت أفعل ذلك و أنا بخاطري مشاهد من التعذيب في خلفية عقلي و جريت و أغلقت الباب علي إبنتي التي نامت لحسن حظي و هي عمرها ما كانت لتنام بهذا الوقت وقلت:"أستودعك الله الذي لاتضيع ودائعه" و توكلت على الله الحافظ و دعوت أن يحفظها من كل شر و سوء و سبب رعبي معرفتي أنهم يأخذون

طفلا أجنبيا أي ليس يهوديا و يذبحونه و يصفو دمه و يخلطوا هذا الدم بعجين كحك عيد الفصح و تعجبت لحظتها من شعور النساء في فلسطين و كم هن من الشجاعة و الصبر علي مثل هذه الحياة!!

و لبست إسدال الصلاة ثم راودني خاطر تمنيت لو حدث و هو ربما قتلوني و مت شهيدة فسعدت لهذا الخاطر و قلت الشهادتين و دعوت بـ " اللهم إنّا نجعلك في نحورهم و نعوذ بك من شرورهم" و رسمت إبتسامة صفراء جميلة من الأذن اليمني لليسري و فتحت الباب، فوجدت هذه النظرة المصدومة في أعينهم من خلف نظاراتهم الدائرية و التي تلتها سريعا إبتسامة مماثلة صفراء جدا أيضا و دخل الفوج المنزل !!

نحن كان عندنا فعلا مشكلة حيث نسى العمال تركيب ماسورة صرف غسالة الأطباق فأصبحت تصرف على الأرض، فقمت أنا و زوجي بقياس الحجم الذي تحت حوض المطبخ و اشترينا صندوق بلاستيكي بنفس الحجم تقريباً و كنا محظوظين أنه فعلا كان يكفي كل مياه صرف الغسالة و بالصدفة انتهي برنامج الغسالة مع دخولهم فلم أجد وقت للتخلص من المياه المنصرفة و ترددت في ان أقول المشكلة ليخرجوا من المنزل بأسرع وقت و لكني عقدت العزم و توكلت على الله و شرحت المشكلة .. فإذا بنظراتهم تختلف تماماً و اصبحوا في منتهي الجدية و التركيز رغم أني كنت أراها مشكلة بسيطة الحل و وجدت اثنان منهم فتحوا أوراقاً و بدأوا في تسجيل ملاحظات ممأأقول فتعجبت و تمنيت معرفة ما يكتبون .. فسألوني إن كانت هذه كل مياه صرف الغسالة أم أني أضطر لتفضيتها في منتصف البرنامج فأجبت بأنها هذه هي كلها .

فسألني الآخر: ما حجم هذا الحوض البلاستيكي فأجبته بالضبط فتعجباً و نظرا لبعضهما و طلب أحدهم من هرقل و شمشمون

170

اللذان معهم بحمل الحوض و تفضيته بالخارج و رفع مقاساته و بدءا بالحديث مع بعضهما ـ بالطبع كان بالانجليزية حتي لا أتهمهم بالعنصرية فهذا مرفوض في أمريكا و غير لائق أن تتحدث بلغة لا يفهمها أحد الحاضرين ما دمت تعرف لغة يفهمها الجميع ـ : "هذه كمية كبيرة من المياه" و أخذا موديل الغسالة فسألني آخر: "أي برنامج أستخدم" فأجبته، فقالا يجب علينا معرفة أية برنامج يستهلك أقل مياه" !!

فكدت أنفجر ضاحكة حين تخيلت عودة كلاً منهم لمنزله و دخوله جرياً إلي المطبخ و خلعه لماسورة الصرف و وضع الحوض البلاستيكي لمعرفة كمية المياه المستخدمة ثم منعه لزوجته من إستخدامها توفيراً للمياة !!

و فوجئت بآخر يسألني سؤالاً جعلني فعلاً أضحك ضحكة مكتومة علانية سألني:"من أين إشتريت الحوض البلاستيكي و كم كلفني" فأكد الخاطر الذي راودني !! فأجبته، فصعقني آخر بتعليق آخر:"أن المياه كانت نظيفة" ..

فنظروا جميعهم إليه تقديراً لهذا التعليق المذهل !!

و حدقوا فيّ جميعا و ظللت أنا صامتة حتي لا أضحك فكرر آخر التعليق في صيغة سؤال:"كيف هذه المياه بهذه النظافة و ليس بها أية شوائب أو بقايا طعام صلبة فأجبت أني أستخدم فرشاة مبللة بصابون سائل عادي أنزل به الطعام الملتصق قبل وضع الأطباق و معدات الطبخ بالغسالة فوجدت أحدهم بالكاد يلمس زجاجة الصابون السائل التي على الحوض حتى تنبه و إستأذنني إن كان يستطيع أن يلمسها فأجبت بالإيجاب، فوجدت الإثنان اللذان يكتبون الملاحظات يكتبون إسم السائل و سألوني من أين أشتريه فأجبت بالمكان و قلت أني في الحقيقة لا أعلم ثمنه تحديداً و لكن رخيص ..

171

و علمت أنهم بالتأكيد حين يعود كل منهم سيقوم بشراء السائل و لفرشاة و يطلب من زوجته غسيل الأطباق التي توضع بالغسالة علي اليد و يضع المياه المنصرفة في هذه العملية في الحوض البلاستيكي للمقارنة فرفع أحدهم النظارة و رفع كتفيه و تنهد و سألني :" لماذا أفعل ذلك و أغسل علي يدي قبل وضعها بالغسالة، فأجبت أن هذا مكتوب في دليل المستخدم لأي غسالة أطباق، و هذا بالتأكيد للحفاظ على عمر الغسالة لأنه ببساطة هذا النوع من الغسالات قديم و لا يحتوي علي مصفاة لبقايا الأكل مثل الأنواع الحديثة، من ثم مع تراكم هذه البقايا قد يحدث إنسداد في ماسورة الصرف و تعطل الغسالة، فهذه عملية لا تأخذ وقتاً وفي نفس الوقت تزيد كثيراً من عمر الغسالة "

فبهت الجميع أني قرأت أصلاً دليل المستخدم و طلبه مني أحدهم، فأجبت أني ليس عندي لهذه الغسالة و لكني قد قرأته عند إستلام غسالتي بمصر و توقعت أن تكون نفس التعليمات سائرة لكل الغسالات.

فكلف أحدهم بالبحث عنه و إيجاده، وإبتسم الجميع لي وقام أحدهم بإصلاح العطل و فك الحوض و إيصال خرطوم الصرف بمكانه الصحيح و في أثناء ذلك سألني أحدهم عن دراستي، و أجاب بالتأكيد أني مهندسة، و حقيقة لم يعجبني السؤال فأومأت برأسي فقط و لم أتكلم، فأجاب ألا تعملين؟، فأظهرت الإمتعاض و الضيق و قطبت حاجبيّ و صمتت فترة لأظهر ضيقي و عدم سماحي لهم بأي أسئلة شخصية لأني لا أحب أن يتدخل فيما لا يعنيه فقد يقولوا شئ قلته و يحورو هلما قد يضرنا فدائماً زوجي يحذرني من إعطاء أي معلومة إلا إذا كانت حقا مطلوبة و مهمة وغير ذلك علينا بالعمل بمقولة لسانك حصانك ان صنته صانك و ان هنته هانك و إستدل علي ذلك بصديقنا الذي فوجئ بالبوليس

172

يطرق بابه الساعة سابعة صباحا و يطلب إبنه ذي الخمس سنوات، بحجة أن أحد المدرسات بالمدرسة سمعته يقول : "I miss home" أي أفتقد بيتي فأبلغت الشرطة بشك أن من يعيش معهم مختطفينه و حين سألوا الولد أجاب أنه لم يقل ذلك .. في النهاية فهم الجميع عدم ترحابي بالحديث خاصة أن الإصلاح المطلوب قد تم فإبتسم لي الجميع و لكن هذه المرة كانت فعلا إبتسامة ودودة علي عكس توقعي تماماً، و شكرني الجميع علي المعلومات التي قدمتها و انصرفوا، فحمدت الله أني لم أنتهي كليلى علوي في فيلم المغتصبون أو انتهي المشهد بدخول زوجي المنزل ليجدني مذبوحة و ابنتي تصرخ من الداخل و علمت لماذا هم أغنياء و نحن فقراء حتي لو كنا علي نفس مستوى العلم و نفس القدر من المعلومات و لكنهم يوجهون و يستخدمون كل ما يعرفوه من معلومات في الإقتصاد و زيادة أموالهم ..

لقد قرأت يوما لأحد المليونيرات الذين بدأوا من الصفر مقولة:"يتعجب البعض أني أسافر علي الدرجة السياحية و ليست درجة رجال الأعمال رغم كوني مليونيرا، فببساطة لو كنت أصرف علي المظاهر الغير مجدية و الغير مفيدة و الغير ضرورية فبالتأكيد مما كنت لأكون مليونيرا اليوم " !!

فلنقارن هذا بالواقع العربي و كم الأموال الطائلة التي تصرف علي المظاهر المبالغ فيها و الزائدة عن الحاجة و أحيانا لا حاجة لها من الاصل ..

حكايتنا مع أولاد العم في بلاد العم سام
الحكاية الثانية

أول مرة أذهب لأرى نيويورك سيتي، طالما رأيتها في الأفلام و علمت منها أن الحياة هنا هي حلم من أحلام الشباب الأمريكي لمن يريد الشهرة مثل هوليود في غرب أمريكا، نيويورك سيتي شهيرة بمسارحها التي تصنع النجوم. مدينة مزدحمة بالمارة و السيارات و لكنها مليئة أيضاً بالحدائق و الملاعب العامة المفتوحة بالمجان لاي شخص يريد راحة للعقل و العين من زحام المدينة، و كذلك هناك ممرات خاصة للجري و الدرجات.
كان اليوم مشمساً و رائعاً لمن يكون قادماً من بلد حار مثلي و لكنه يعتبر يوماً حاراً لمن يعيش في الجليد لشهور كثيرة. في الأغلب السائحين يسيرون ليشاهدوا معالم المدينة، فالتنقل بالسيارة و ايجاد أماكن لركن السيارات شبه مستحيل، فالمشي أسهل و أمتع. وقفنا في اشارة مرور المارة، فإذ بي أري سيدة مثلي بملامح شرقية ترتدي ملابس بأكمام طويلة و مغلقة تاماً و جيبة واسعة جداً و طويلة جداً. فظننت أنها عربية مسلمة تود إرتداء الحجاب و لكن تخاف العنصرية !!
فشددت يد زوجي و قلت له عنها و قلت ليتها تتشجع و ترتديه و ليكن ما يكون، فجذبني زوجي بعيداً عنا و قال لا تتكلمي الآن، سأشرح لك لاحقاً، و فتحت الاشارة و مشينا جميعاً.
فصعقت حين وجدتها تنضم لشاب علي رأسه يكمة كان ينتظرها بالرصيف الثاني و حين دققت بالفتاة وجدتها ترتدي قلادة بها نجمة داود فقلت لزوجي إنها ليست مسلمة، ما دامت يهودية لما ترتدي مثلنا في مثل هذا الجو الحار؟ فالنساء كن عاريات عاريات لسن كاسيات عاريات فشدني زوجي و نبهني انهم في

الأغلب يعرفون العربية فلا أنكر أني لحظتها شعرت بالغيظ لأنهم يفهمون لغتي و أنا لا أفهم لغتهم، هم أيضاً كانوا يبادلوني النظرات و بالتأكيد كانوا يتحدثون عننا أيضاً و لكني لم أفهم .

كل ما كان برأسي عن اليهوديات في الأغلب ترسب صور من الأفلام المصرية مثل الحب في طابا و الطريق الي إيلات و ما إلي ذلك و الذي يعرض اليهوديات مبتذلات عاريات أيضاً و أنا كنت حينها كأغلب المصريين أجهل تماماً عاداتهم و لا أعلم شيئاً عن ملابسهم أو أعيادهم، و التي بالطبع فرض عليّ معرفتها بعد الحياة في أمريكا لعدة سنوات .. تذكرت كلام والدي حين طلبت منه تعلم العبرية و كنت في الأول الثانوي، فرفض حذراً من أن أغلب من يدرسون العبرية بمصر يوضعون تحت المراقبة و تحت إمرة الحكومة لإستخدامهم في أي وقت فسألته أليس علينا معرفة أعدائنا و من أبسط هذه المعرفة هي معرفة لغتهم، فقال أن هذا النظام ساري منذ حكم عبد الناصر، خوفاً من أن يجندوا الكثير من المصريين بالإغراءات المعروفة، و انه ليس علينا تعلم لغتهم لأن عددهم قليل مقارنة بعدد المسلمين، فهم من عليهم تعم لغتنا و ليس العكس و كنا وقتها نحسب أننا الأقوي، إذن هم الأضعف و هم من عليهم التعب و ليس نحن.

و كان هذا أول تغيير لي في معرفة اليهوديات، و لا أنكر أني كنت في السابق أتضايق مجرد سماع أي كلمة تذكرني بهم ولكن "عسي أن تكرهوا شيئاً و هو خير لكم"، فبعد السفر استفدت كثيراً من وجودهم، فهم عددهم في أمريكا يفوق عددهم بإسرائيل نفسها. معني وجودهم أننا سنجد أكل و مطاعم كوشر أي أكل علي الشريعة اليهودية و هذا معناه أنه مذبوح و ليس مكهرب و لا مضروب برصاصة التخدير المشكوك في أمرها، و هذا يسعدني أننا سنجد أكل نأكله غير الأسماك.

و استفدت أيضاً من وجودهم لأن بطبيعة اللبس هذه، إستطاع زوجي شراء فستان الزفاف من علي الإنترنت و لم يحتج مني أي تعديل لأنه كان بأكمام و مغلق الصدر و كامل التطريز و أرخص من مصر كثيراً.

و الأمر كان متبادلاً، حيث ذهبت مع زوجي حفلة بمدرسة إبنتي و كان علينا عمل چيلي بالموز للفصل ، و حين وضعت المدرسة بعضاً منه لزملاء إبنتي من الأطفال اليهود وجدت والد أحدهم يجري فزعاً ليمنع المدرسة، حيث يحتوي الچيلي العادي علي مادة الچيلاتين المصنوعة من دهن الخنزير ولكن المدرسة طمأنته أننا من صنعناه فسمح لإبنه بأكله و علمت أن السيدة اليهودية يجب أن تغطي رأسها طوال الوقت إذا كانت متزوجة و ان كانت غير ذلك فعليها مثل الرجال تغطية رؤوسهم فقط عند الصلاة و العمل و الأكل و التعليم و العبادة و علمت ان بعضهم يرتدي الحجاب الذي يرتديه بعض السيدات العربيات أيضا و هو ما يسمي السبانيش و ما يسموه هم بهلاشة حيث لا تغطي الرقبة أو الأذنين فهذا هو زي اليهوديات في الاصل بالطبع هناك منهن من ليست ملتزمة بزييهم الشرعي تماماً مثل حال نساءنا العربيات بحجة الاندماج مع المجتمع الجديد !!

و قد عجبت لهذا الأمر لما نحن نتعرض له من اضطهاد للبس الحجاب في بعض البلاد في حين هم رجالهم و نسائهم لهم زي ديني محدد و كأن اليهود يمسكون ذلة للغرب و كانت الإجابة في نهاية هذا اليوم حيث أخذني زوجي الساعة الخامسة لشارع وال ستريت فهو شارع المال و البورصة في نيويورك سيتي فشعرت أني ذهبت لإسرائيل ما كل هذه اليكمات و القبعات ؟؟ألا يعمل أحد غيرهم في البورصة و الإقتصاد؟؟؟ فمتي سنستطيع المنافسة و التواجد في سوق الإقتصاد و الإستثمار في العالم حتي نؤمر نطاع و المؤلم أيضاً أنه حين تتابع من يملك أغلب المحلات

المنتشرة و المعروفة و سلاسل المحلات التي تملك القارة الأمريكية شرقاً و غرباً تجدهم يهود و من يملك العديد من شركات التي تتحكم بالتكنولوجيا في العالم تجدهم اليهود، "وجعلناكم أكثر نفيرا" .. أحلم الآن أن نملك تأثير أعلي من حيث الإنجازات و التقدم بعد الثورات العربية التي تحدث الآن ..

بالنهاية لاحظنا أن اليهود لم يفرضوا أنفسهم علي الإقتصاد و الإعلام فقط بل في الأعياد أيضاً فوجدت مثلاً أنهم جعلوا عيد التدشين أو الهانوكه أو بما يسميه الأمريكين هنا عيد النور و رمزه الشمعدان الشهير لليهود المسمي المنورة بالتسع شمعات و هو يتزامن مع أعياد الكريسماس فتجد برامج الأطفال يحتفلون بكلاهما معاً -حتي يتعود الغرب منذ نعومة أظافرهم علي حبهم و ليس فقط تقبلهم- و مثلاً عيد الفصح يتزامن مع أعياد الربيع و هكذا، شعرنا عندها كأن اليهود يحاولون جعل الأمريكين يشعرون بوجودهم معهم دائماً حتي في الأعياد هم شركاء مناصفة فأتعجب من الحوارات المستفزة التي تدور في مصر حول فصل الدين عن السياسة و الخ و أنظر لليهود الذين جعلوا من دينهم و شعائره سياسة تفرض علي الجميع لإثبات وجودهم .

المراجع :

موسوعة اليهود و اليهودية و الصهيونية للدكتور عبد الوهاب المسيري
http://en.wikipedia.org/wiki/Jewish_population
http://www.ehow.com/about_jewish-women-dress.html
http://www.patheos.com/Resources/Additional-
Resources/Modesty-Not-Just-for-Women.html

الخاتمة

بسم الله الرحمن الرحيم

لا أريد أن أموت كما مات أناسٌ قبلي، فهم لا حصر لهم ولا أحد يعرفهم ولا أحد يذكرهم. لا أريد أن أكون مثلما كان هؤلاء الذين ساروا على درب الحياة بأقدامهم فلم يتركوا أي أثر. لا أريد أن أكون كمن مشى على الرمال وجاءت موجة تتبختر، وببساطة ودون أي مجهود تمسح هذه الآثار ولا أحد يعرف أو يقدر ما بذلته أنا لأصل لتلك البقعة على البحار، ولا كيف تعبت حتى أستطيع أن أمشي على هذه الرمال .

كل ما أرجوه هو دعوة بظاهر الغيب ربما تكتب لي النجاة في السماوات العُلَى، بعدما أكون فارقت الحياة، فربما قرأ أحد هذه الكلمات وأنقذته أو أضحكته أو أبكته أو أطلعته على حقيقة لم يكن يدركها من قبل أو لمست جرحه المؤلم فشعر بالأنس والمودة وعلم أنه ليس وحده الذي تألم هكذا .

بداخلي صورة المكتبة المكدسة بالكتب، المغطاة بالأتربة التي لا يدخلها أحد ولا يقرأها أحد، ربما سَيَؤُول كتابي لهذا المصير ولا يقرأه أحد، ربما كان حقًا مجرد آثار على رمال.. ولكني أحلم ولن أترك الأحلام تجرفني بعيدًا.. أيضًا فأنا أدعو الله وأناجيه، نعم أدعو الرحمن الرحيم الغفور الكريم أن يرحمني ويكرمني من عنده ويغفر لي ما اقترفت في حق نفسي ومَن حولي، أنا أتحلل من قوتي وعزتي وأستعين بقوة الله وعزته وجبروته خالق السماوات والأرض أن يرحمني ويغفر لي .

كنت أدعو قديمًا بالشهادة في سبيل الله، ولكني حين قرأت عن الشهداء سخرت من نفسي، من أكون أنا لأطلب هذه المنزلة؟ وماذا فعلت لأتمنى مثل هذه المنزلة؟ ولكنه كريمٌ عفوٌ.. وأصبحت أدعو أن يظللني بظله يوم لا ظل إلا ظله، وأن يدخلني الجنة دون سابقة عذاب، فأنا أخاف النار ولن أحتملها. وأدعو أن يجعل قبري روضة من رياض الجنة ولا يجعلها حفرة من حفر النار، وأصبحت دائمًا أناديه بيا مؤنس كل وحيد ويا صاحب كل شريد، آنسني في غربتي بالدنيا وصاحبني بوحدتي بلحدي فأنت وليِّي في الدنيا والآخرة .

حقًا طالما كان والدي رحمه الله يقول لي أن الفتاة التي يموت وليها يكون الله هو وليها، وأحمد الله أنه علمني هذه المقولة قديمًا، وأشعرني بها فعلاً منذ وفاة والدي، فأنا لا أطلب من بشر ولكن أطلب من الله، فهو وليِّي والمسؤول عني في الدنيا والآخرة، وهو الذي طالما رزقني من دون حساب ومن حيث لا أدري ولا أحتسب، فشعرت أنه يرزقني كما يرزق الطير، تغدو خماصًا وتروح بطانًا، منتهى السيادة والقوة والحرية المطلقة في عبوديته الخالصة .

ولا أدري ما أكتب الآن.. إن كان مقدمة حياة جديدة أطلب فيها من الله العون والمغفرة والتوبة وأحمده على الستر، سترنا الله فوق الأرض وتحت الأرض ويوم العرض عليه إن شاء الله، أم ستكون الخاتمة، وسأنام الآن ولا استيقظ قط .

لا أدري لماذا طوال حياتي يداومني شعور الوحدة، وأن لا أحد يذكرني أو يتذكرني كأني بخار ماء في هذه الدينا لا يشعر به

أحد، لا أحد يفكر أو يسأل حتى نفسه عني إن كنت سعيدة أم حزينة، راضية أم تعيسة، لا أحد حقًا يهتم .

حقًا طالما شعرت أن الناس تلتف حولي وتتقرب مني لأني أراهم أجمل مما يرون أنفسهم، وأني أفكر بهم، رغم زعمي أحيانًا عكس ذلك، ولكن دائمًا مشاعري وتصرفاتي تكشفني، فأنا أفكر بكل من أقابل، كان طلبتي بالجامعة دائمًا يتعجبون أني أذكرهم وأذكر أسماءهم وأصحابهم، لا يتخيل أحدهم أني أفكر بكل واحد منهم وأحاول أن أستدل من كلماته وايماءاته وتصرفاته على كيفية رؤيته للعالم من حوله، وكيف يرى أصحابه وكيف يراني .

لا أدري لِمَ أكتب كل هذا.. ربما لأني رأيت أبي رحمه الله، كان أكثر مني علمًا وثقافةً ودينًا وفلسفةً، وأسلوبه الأدبي كان رائعًا، كان يجب أن يكتب، بالتأكيد كتاباته كانت ستسلب الألباب وحكاياته وحكمه، ولكنه لم يكتب.. فعاش بداخلي أنا فقط، أفكر في الدنيا بأفكاره وأعيش بأسلوبه وفلسفته وأرى الدنيا بعينيه .

لقد عانيت كثيرًا من تنفيذ مبادئه، والآن أدرأُ بنفسي عن الدنيا وأزهدها، فيكفيني ما عانيت ويكفيني ما تألمت ويكفيني ما بكيت، أصبحت أفَضِّلُ العزلة وأستمتع بالوحدة. لقد عشت كثيرًا وسط الناس ولم أشعر بمؤنس، وما اخترت مؤنسًا إلا وترك قلبي ينزف دمًا.. لا أشكو ولا أحكي. فاخترت الآن مؤنسي: مصحفي وكتابي وابنتي.. فليرحمنا الله جميعًا.

عن المؤلفة :

إنجي فوده مهندسة كمبيوتر و كاتبة مصرية ولدت في شهر مايو عام ١٩٧٩. أتمت دراستها الثانوية بمدرسة لا روز دي ليزيه و التحقت بهندسة القاهرة حيث اتمت دراسة هندسة الحاسبات و حصلت علي شهادة البكالوريس في ٢٠٠١ ثم حصلت علي درجة الماجستر من نفس القسم عن رسالة بعنوان استنباط الانسان في الفيديو. عملت الكاتبة كمبرج حر في كثير من المشروعات لكبار الشركات و الهيئات في مصر و الوطن العربي بجانب عملها كمدرس مساعد لهندسة الحاسبات في الجامعة الامريكية ثم الالمانية بالقاهرة قبل ان تنتقل للعيش في الولايات المتحدة الامريكية مع زوجها حيث انجبت ابنتها وتعمل كمبرج حر منذ ٢٠٠٧ و اهتمامها الحالي بتصميم أجهزة و برمجيات للمكفوفين العرب.

للكاتبة باع في العمل التطوعي عبر جمعية رسالة و حصلت علي جائزة الريادة لعام ٢٠٠٢ عن عملها التطوعي مع منظمة IEEE

(Institute for Electrical and Electronic Engineers)

تاثرت الكاتبة بوالدها رحمة الله عليه الذي كان استاذ دكتور بزراعة عين شمس و كان و لا زال مصدر نجاحها و الهامها.